传统跆拳道系统入门手册

张 龙　纪 磊　王业兴　付海涛

叶 平　蔺苏鹏　王长志　极 斗　**编著**

董 霙　薛晓东　张 昉

清华大学出版社

北 京

内容简介

跆拳道已成为一项全世界流行的运动，并已发展成为一种锻炼身体和增强体质的运动项目，至今已推广到 220 多个国家，拥有一亿以上的跆拳道爱好者。传统跆拳道在中国的推广始于 1986 年，跆拳道创始人崔鸿熙将军领导朝鲜跆拳道示范团在中国各地巡回表演。1989 年中国开始推广传统跆拳道技术。

传统跆拳道由五部分构成，即基本运动、套路、功力、对打和防身术，本书重点讲解套路（特尔）部分。为了便于读者理解，我们沿着每个套路的演武线进行拍摄，分为正面图、后视图和左右两侧侧视图，标明了每个套路的含义和动作数、演武线，每个动作的文字解说，并配合了演示视频。

在跆拳道迅速发展的今天，希望这本书能够为传统跆拳道的练习者带来帮助。

图书在版编目 (CIP) 数据

传统跆拳道系统入门手册 / 张龙等编著 . —北京：
清华大学出版社，2019（2019.9重印）
　ISBN 978-7-302-51888-4

Ⅰ . ①传⋯　Ⅱ . ①张⋯　Ⅲ . ①跆拳道—教材　Ⅳ . ① G886.9

中国版本图书馆 CIP 数据核字 (2018) 第 294426 号

责任编辑：陈立静　李玉萍
装帧设计：李　坤
责任校对：周剑云
责任印制：杨　艳

出版发行：清华大学出版社
　　　　网　　址：http://www.tup.com.cn, http://www.wqbook.com
　　　　地　　址：北京清华大学学研大厦 A 座　　邮　　编：100084
　　　　社总机：010-62770175　　　　邮　　购：010-62786544
　　　　投稿与读者服务：010-62776969, c-service@tup.tsinghua.edu.cn
　　　　质量反馈：010-62772015, zhiliang@tup.tsinghua.edu.cn
印 装 者：小森印刷（北京）有限公司
经　销：全国新华书店
开　本：160mm×235mm　　印　张：13.75　　字　数：220 千字
版　次：2019 年 3 月第 1 版　　印　次：2019 年 9 月第 2 次印刷
定　价：69.00 元

产品编号：076696-01

推荐序

跆拳道已成为一项全世界流行的运动，并已发展成为一种锻炼身体和增强体质的运动项目，至今跆拳道已推广到220多个国家，拥有一亿以上的跆拳道爱好者。

传统跆拳道在中国的推广始于1986年，跆拳道创始人崔泓熙将军领导朝鲜跆拳道示范团在中国各地区巡回表演，1989年中国开始推广传统跆拳道技术。

传统跆拳道由五部分构成，即基本运动、套路、功力、对打和防身术。在3200多个动作里持有级别者（10级—1级）共9个套路，持有段位者（1段—4段）12个套路，本书重点讲解套路（特尔）部分。为了便于读者能够理解，我们沿着每个套路的演武线进行拍摄，分为正面图、后视图和左右两侧侧视图，标明了每个套路的含义和动作数、演武线、每个动作的文字解说，并配置了演示视频，在跆拳道迅速发展的今天，希望这本书能够为传统跆拳道的练习者给予帮助。

我本人从1996年开始学习跆拳道，至今一直从事跆拳道教学工作，很高兴在跆拳道创始人崔洪熙将军100周年诞辰，以及我的恩师全大英师圣60岁生日这一特殊意义的2018年，能够同其他几位优秀的跆拳道师范、副师范们共同完成这本书。

最后，我要衷心感谢清华大学出版社、极斗App和广大跆拳道同仁们对本书的支持与帮助。

谢谢大家！

国际跆拳道联盟黑带五段

张龙

2018 年 4 月 15 日

本书的出版，可以说是中国传统跆拳道行业对套路知识开始系统性构建的标志。十年磨一剑，这本书以全新的科技视角解读了传统跆拳道套路技术、路线、标准和功能，让读者更加立体、直观、多角度地学习，推动了从普通练习者的思维向专业角度的快速发展，是对传统跆拳道套路技术更系统、本质的描述和总结，是跆拳道爱好者和从业者必备的教学手册。推荐大家阅读本书。

——济南风行国际跆拳道　王业兴
国际跆拳道联盟黑带五段

十三岁立志以武为生，至今已经二十余载。非常幸运受到各位老师的指点和前辈的爱护，让我的武道修炼之路颇为顺遂，也因为在跆拳道上的努力得到的肯定，使我能踏入影视这个行业，从演员、动作指导一直到导演，不能不说正是跆拳道修炼塑造了我学习和工作的态度。毋庸置疑，武道是塑造人格培养自律的绝佳体系，武道练就的是战胜对手的技能，培养的却是超越自我的信念，当我在训练中遭遇伤痛的挫折，企图放弃的那一刻，突然明白人这一生都只是和自己战斗！你的努力从来都不是为了比谁更优秀，而是让你的生命更精彩！这就是我一直不遗余力地去影响身边每一个人去修炼的初心！这个行业急需更多专业性的普及书籍——既能给好学上进的教练们提供参考，又能给细心专注的家长们提供判定道馆教练水平和孩子的学习情况！本书凝聚了数位孜孜不倦的师范们的心血，结合最先进的 VR 技术，是所有跆拳道练习者必备的训练参考书！

——悟道馆　纪磊
国际跆拳道联盟黑带六段

　　本书采用了"视觉引导"的方式梳理了"传统跆拳道套路"技术所需的相关知识，既有丰富的理论，又兼顾了多角度动作的示范与演示，是教学必备的书籍。本书从普通用户学习需求的把握到教学的角度都有很多非常好的动作演示和理论抽象。跆拳道发展至今，精细化的动作与教学理念越来越深入人心，教学人员要完成这样的蜕变，不仅要有系统的教学方法论，还需要有清晰的训练技术知识图谱，因为优秀的教学是建立在对价值的认知及对技术手段的灵活运用之上的。

　　本书汇集国内十几位资深 ITF 高段师范，几十年的教学经验，历经上百小时的精心编排整理，以严谨的传统跆拳道套路逻辑关系编排目录结构、丰富有趣的多角度视觉说明增强用户体验，相信本书会和当初崔泓熙将军撰写的《跆拳道百科全书》一样，成为传统跆拳道人的必读书，这就是我推崇这本书的原因。

——武道培训网　付海涛

　　崔泓熙将军（1918—2002）是跆拳道的创始人，也是当代书法家，又是反独裁政府的爱国民主人士。虽然他身材不高，但具有顽强的意志与崇高的信念，为普及跆拳道贡献了自己的一切。直到今天，崔泓熙将军的精神仍然激励着全世界跆拳道练习者不懈努力。

技术顾问　全大英师圣

全大英师圣（Senior Master Chon Dae Young），朝鲜国籍，朝鲜平壤人，1958 年出生，国际跆拳道联盟黑带九段、国际 A 级裁判员、朝鲜体育最高奖"功勋体育人士"、世界威力击破第一人。1980 年他开始从事专业教练工作，到 30 多个国家培养了大批四段、五段的高手，他是跆拳道创始人崔泓熙将军最疼爱的弟子，全大英师圣追随崔将军为发扬跆拳道事业访问了许多国家，进行了多次国际特训讲习，培养了很多国际师范和国际裁判员。

他曾在国际的套路、对打、特技上获得了优异的成绩，特别是在威力击破方面一直站在世界第一位，1992 年为金日成将军和金正日将军做了精彩的跆拳道表演，获得了"功勋体育人士"称号。

1983—1985 年在奥地利执教。

1987—1990 年在波兰、德国执教。

1993—1997 年在拉脱维亚、俄罗斯、保加利亚执教。

1998—2000 年在瑞士执教。

2011—2015 年在中国执教。

全大英师圣对本书的寄语：

在跆拳道创始人崔泓熙将军 100 周年诞辰之际，我的学生们能写出这本跆拳道书籍我深感欣慰，希望这本书能成为跆拳道练习者无言的老师。

——国际跆拳道联盟黑带九段　全大英

套路演示名单

基本动作：魏来、曹航　　　　广开套路：张　龙

四方冲拳：杨　鑫　　　　　　圉隐套路：王桐鑫

四方格挡：郭美含　　　　　　阶伯套路：王业兴

天地套路：王邱石　　　　　　义奄套路：付海涛

檀君套路：吕圣辉　　　　　　忠壮套路：李兴顺

岛山套路：杨　鑫　　　　　　主体套路：张博文

元晓套路：李　俊　　　　　　三一套路：王天佐

栗谷套路：王业兴　　　　　　庾信套路：王天佑

重根套路：霍晓峰　　　　　　崔莹套路：王桐鑫

退溪套路：霍晓峰　　　　　　渊盖套路：张　龙

花郎套路：李　俊　　　　　　乙支套路：张　龙

忠武套路：李兴顺　　　　　　文武套路：王业兴

联合推荐（排名不分先后）

悟道馆	纪　磊
济南风行国际跆拳道	王业兴
武生跆拳道	李　俊 / 王连西
北京玄武道场	李　侃
沈阳诚武馆	王天佐 / 王天佑
衡水博凯跆拳道	吴宇华
黑龙江晟杰跆拳道	魏　杰
邢台中武跆拳道	董仲考
福建幻影跆拳道	陶嘉彬
重庆鹤武道	王立鹤
北京德晟道国际跆拳道	赵　淼
梅河口成隆武道馆	王桐鑫
广东群龙跆拳道	王永龙
阆中上进跆拳道馆	邓清清
岳阳朝阳跆拳道	付　军
宁波搏翼国际跆拳道馆	阳海波 / 杨乐坚
内蒙古圣道场	张博文
大同市霸狼格斗	刘仍治
武汉忠武馆	吕　鹏
香港拳毅社	马德荃
昆山苍轩跆拳道	叶　平
沧州狮城武道	白　岩
烟台贤武跆拳道	刘　双
珲春市群龙散打跆拳道健身俱乐部	具哲鹤
湖南常德桃源尚武道馆	韩松辰 / 邹福球
大兴安岭极宸跆拳道	吉　强

图书兑视频流程

扫码免费下载极斗 App

为了获得更好的学习体验，请您仔细阅读以下内容，以便从极斗 App 免费获得本书配套 VR（虚拟现实科技）教学视频。

---

1. 请在本书内找到随书附赠的书签，在书签反面可以刮开兑换码区域，获得兑换码。用手机依次扫码，添加极斗公众号并且下载或更新极斗 App。

（获得验证码后，转到极斗 App 页面点击购买输入验证码即可观看完整视频）

---

2. 安装或更新极斗 App 完毕后，打开极斗 App，点击右下角"我"图标，进入"我"的页面，用手机注册或登录极斗 App。您也可以通过微信、微博等第三方账号登录极斗 App。

3.回到极斗App首页，单击"教学"按钮，选择《传统跆拳道系统入门手册》并且点击进入书籍介绍页面。

4.单击书籍介绍页面左下方"兑换"按钮，在兑换界面，输入书签上的兑换码。请注意，兑换码中间的"-"符号也要输入，输入的格式举例：ABCD-EFGH-1234-5678-IGKIL。

5.输入完毕后单击"确认兑换"按钮，您就可以在书籍介绍页面单击"学习"按钮，观看VR教学视频了。

目录

第一章

传统跆拳道介绍

本章主要介绍传统跆拳道的概念、跆拳道宣言、跆拳道精神以及跆拳道基本构成。

传统跆拳道的概念

传统跆拳道源自朝鲜，是赤手空拳防身自卫的护身武术，强调科学运用人体各部位，通过训练以达到防身自卫的目的。

用汉字解释跆拳道：

태: 발뒤꿈치 - "跆"

권: 주　　먹 - "拳"

도:　　　길 - "道"

跆拳道宣言

我遵守跆拳道精神。

我尊敬师范和前辈。

我决不乱用跆拳道。

我要成为自由与正义的使者。

我要创造更加和谐的社会。

跆拳道精神

礼义（道德）

廉耻（良心）

忍耐（意志力）

克己（抑制力）

百折不屈（确信的信念）

跆拳道基本构造

1. 基本动作

基本动作是每一个独立的动作。

2. 套路动作

跆拳道拥有 24 个套路，是把多个基本动作根据实际运用组合在一起，假设进行攻击、格挡及躲避，以及在基本动作和对打里不能使用的动作。

3. 对打

对打是在以套路里学习的动作为基础，并在实际情况下与对手进行对抗。对打分为如下六种方式。

（1）约定对打 3 步、2 步、1 步。

（2）半自由式对打。

（3）约定自由式对打 1 对 1 、1 对 2，其他。

（4）自由式对打 1 对 1、1 对 2、2 对 2，其他。

（5）示范对打。

（6）脚对打。

第一节 技术构成与基本动作

技术构成

跆拳道技术是由基本动作、套路、对打、功力、护身术五项构成，在跆拳道的修炼过程中，这五项技术是相辅相成、循序渐进、循环往复的，是跆拳道技术体系科学严谨的完美体现，每个级别每个段位都要按照以上构成进行训练、晋级、升段。

（1）基本动作：包括各种进攻和防守躲闪技术的动作，是跆拳道修炼最基本、更好掌握的基本动作，只有掌握了这些，才能在后面的修炼中事半功倍。

（2）套路：把各种基本动作按照合理的攻防技术结合连贯起来，使修炼者更有效地掌握呼吸、平衡、速度、力量、优美、准确等格斗要素。

（3）对打：是针对不断变化的目标，将通过基本动作及套路练习熟练掌握的攻击防守技术在实际中进行应用。

（4）功力：针对攻防需要提高身体整体能力的锻炼方法。

（5）护身术：在生活中遇到危险时如何运用跆拳道技术进行自我保护。

基本动作

基本动作的重要性是毋庸置疑的，正如你学英文要先学 A、B、C，学汉字要学 a、o、e 一样，跆拳道的基本动作如上述一样至关重要。进行大量的重复训练是非常有必要的，基本动作的好与坏直接影响着你在其他技术层面的提高和进步，同时基本动作的练习一定要结合假想敌进行，每一次攻防练习都要有假想敌，力求尽全力做到位，这样在实战中才能有效发挥出来。望各位跆拳道修炼者认真严谨地对待基本动作的练习。

第二节 24 个套路（特尔）简介

朝鲜语发音为 TUL，英语发音为 PATTERN，中文则称为"套路"、"套拳"、"特尔"或"型"，本书考虑用语的一致性，皆以"套路"称之。

套路是由许多基本技术组合而成，每个套路"外形"表现出防守与攻击的实战概念；"内在"则蕴含其文化意义与历史特征。

人类的一天为 24 小时，因此 ITF 公布 24 个套路，供修炼者练习，也是提醒修炼者——生命宝贵，把握时间。

崔泓熙将军初创 24 套路时，并非与现在版本相同，早年曾创"雩南"及"高堂"两个套路。"雩南"为大韩民国临时政府首任总统李承晚的别号，"高堂"为朝鲜独立运动家曹晚植的别号，这两个套路皆因政治问题而未列入 ITF 公布的套路之中。

练习套路必须明白新动作的目的及方法，并了解演武线，注意动作及力量的正确性，达到自然忘我之境界，最后结合套路的灵魂，将全部精神集中于操作表现。

套路名称	韩文译音	动作数	段级	名字起源
天地	Chon-Ji	19	九级	创造世界，人类历史的开始
檀君	Dan-Gun	21	八级	公元前 2333 年传说中的古朝鲜国开国始祖的名字
岛山	Do-San	24	七级	抗日独立运动家安昌浩的雅号
元晓	Won-Hyo	28	六级	把佛教传入新罗王朝之高僧元晓
栗谷	Yul-Gok	38	五级	朝鲜著名儒学家李珥的雅号

套路名称	韩文译音	动作数	段级	名字起源
重根	Joong-Gun	32	四级	朝鲜民族英雄安重根，32 个动作表示年龄
退溪	Toi-Gye	37	三级	朝鲜著名学者及儒学家李滉的雅号
花郎	Hwa-Rang	29	二级	新罗王朝的青年贵族之武士精神花郎道
忠武	Choong-Moo	30	一级	粉碎丰臣秀吉侵略军之李舜臣将军的雅号
广开	Kwang-Gae	39	一段	公元 391 年登基的高句丽广开土王
圃隐	Po-Eun	36	一段	高丽王朝的忠臣及诗人郑梦周的雅号
阶伯	Ge-Baek	44	一段	百济王朝著名将军阶伯的名字
义奄	Eui-Am	45	二段	"三一独立运动"的代表人物孙秉熙的雅号
忠壮	Choong-Jang	52	二段	14 世纪抗日英雄金德龄将军的雅号
主体	Ju-Che	45	二段	象征朝鲜政府所提出之主体思想
三一	Sam-Il	33	三段	1919 年 3 月 1 日的"三一独立运动"
庾信	Yoo-Sin	68	三段	统一高句丽、百济及新罗之名将金庾信
崔莹	Choi-Yong	46	三段	高丽王朝的重臣著名将军崔莹的名字
渊盖	Yon-Gae	49	四段	高句丽勇猛将军渊盖苏文的名字
乙支	Ul-Ji	42	四段	高句丽著名将军乙支文德的名字
文武	Moon-Moo	61	四段	统一高句丽、百济及新罗之文武王
西山	So-San	72	五段	组织对抗丰臣秀吉侵略军之高僧西山玄应
世宗	Se-Jong	24	五段	创制朝鲜半岛文字的世宗大王
统一	Tong-Il	56	六段	表达朝鲜半岛统一的意志

第三节　对打、功力与护身术

对打

对打是将基本技术和套路中所学之攻防技巧，准确应用于实战，训练时应针对不同情况，与不同人相互练习，才能够增加经验，提升技术水平。对打训练分为约定对打、半自由对打、自由对打、示范对打、脚技对打、约定自由对打六种对打训练方式。

功力

功力是将基本动作、套路、对打、同时对进攻与格挡的部位进行彻底锻炼，无论在任何情况下都能将速度平衡、集中、反作用力与调节呼吸等力量的原理，形成条件反射，一击制敌，到那时才能达到保护自身的目的。

护身术

护身术是在生活中遭遇各种恶意攻击或可能发生伤害事件时正确的处理方式和有效使用跆拳道技术进行防身自卫的方法。因此，跆拳道的训练，是无始无终，需要反复磨炼的技术。

第四节　力量构成

跆拳道创始之初，部分沿用空手道技术，发力原理为直线，1984年崔泓熙将军观看海浪和瀑布水流冲击后，领悟了"正弦曲线动力"（SINE WAVE）的力学原理，即由上往下冲力，能够增加跆拳道技术的力量，故1984年以后，崔泓熙将军把跆拳道技术全部加入"正弦曲线动力"，自此跆拳道技术脱离了跆拳道框架。

有许多人问，跆拳道有惊人的力量，这种力量究竟从何而来，用一句话来说，那是因为用科学的方法，把自己体内所有的力量要素一齐发挥出来。换句话说，普通人只能使出自己体内力量的10%~20%，而跆拳道人能够将自己的力量全部使出来，所以能发挥强大的破坏力。

如上所述，跆拳道修炼不管体格、年龄和性别如何，都能够使所有人使出100%的力量，最大限度地保持健康，而绝不是培养超人的力量和特殊的耐力。

总之，跆拳道的主要目的在于，根据科学的理论，充分发挥力的要素——反作用力、集中、平衡、呼吸调节、质量以及速度，从而使人发挥最大的力量来。

第五节　级别与段位

跆拳道的级别分为十个级别和九个段位，十级是最低级别，一级是最高级别，晋升十级后进入段位。一段至三段为黑带新手的段位，四段至六段属高水平段位，七段至九段只授予具有很高学识造诣并对跆拳道的发展做出重大贡献的人。

白带：白带代表纯洁，练习者没有任何跆拳道知识和基础，一切从零开始。

白黄带：练习者经过一段时间的训练，已经了解跆拳道的基本知识并学会了一些基本技术，开始由白带向黄带过渡。

黄带：黄色是大地的颜色，就像植物在泥土里生根发芽一样，在此阶段要打好基础，并学习大地厚德载物的精神。

黄绿带：介于黄带与绿带之间的水平，练习者的技术在不断上升。

绿带：绿色是植物的颜色，代表练习者的跆拳道技术开始枝繁叶茂，跆拳道技术在不断完善。

绿蓝带：由绿带向蓝带的过渡带，练习者的水平处于绿带与蓝带之间。

蓝带：蓝色是天空的颜色，随着不断的训练，练习者的跆拳道技术逐渐成熟，就像大树一样向着天空生长，练习者对跆拳道已完全入门。

蓝红带：练习者的水平比蓝带略高，比红带略低，介于蓝带与红带之间。

红带：红色是危险、警戒的颜色，练习者已具备相当的攻击能力，对对手已构成威胁，要注意自我修养和控制。

红黑带：经过长时间系统的训练，练习者已修完从十级至一级的全部课程，开始由红带向黑带过渡。

黑带：黑带代表练习者经过长期艰苦的磨炼，其技术动作与思想修为均已相当成熟，也象征跆拳道黑带不受黑暗与恐惧的影响。

区别跆拳道的段位还要看道服和肩章。

一段至三段的道服有黑色带条，四段以上道服的衣袖和裤腿两边有黑色带条。

根据道服上的肩章和腰带上的罗马数字Ⅰ~Ⅸ可区别段位和级别。

要取得跆拳道"黑带"实属不易，必须经过科学系统且长时间的修炼，除了功夫水平要高之外，还要达到一定的年龄和训练年限，对文化素质、礼仪修养等方面也要进行综合评估。

| Ⅰ |
| Ⅱ |
| Ⅲ |
| Ⅳ |
| Ⅴ |
| Ⅵ |
| Ⅶ |
| Ⅷ |
| Ⅸ |

第六节　道服与肩章

跆拳道无须像其他体育项目那样需要昂贵的训练装备，但为了有效提高攻击部位和防守部位以及帮助身体能力的快速提高，还是要借助一些简单的训练装备，其中道服是练习者必不可少的训练装备。不穿道服是禁止进入道场的。

道服

道服由上衣、裤子和腰带组成，朝鲜素有"白衣民族"的美称，白色是朝鲜民族服饰的主色调，道服上不许有任何规定之外的标识、文字或装饰。按照跆拳道修炼所取得的成绩，从服装上分为色带道服（入段前）、黑带道服（一至三段）、师范道服（四段以上具有国际师范

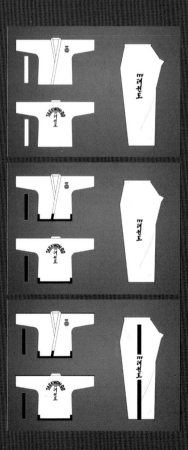

资格）。

道服背后以英文和朝鲜文排列的松树图案象征着跆拳道事业如松树般四季常青。

肩章

肩章是给予教授跆拳道的教练员佩戴的，分为：副师范（一段至三段）、师范（四段至六段）、师贤（七段至八段）、师圣（九段）。

Assistant instructor
副师范

Instructor
师范

Master
师贤

Grand master
师圣

第二章

基本动作

本章主要介绍传统跆拳道的基本站立动作，及注意事项，包含：L型站立、马步站立、交叉步站立、单脚站立、后脚站立。

第一节 L步站立

L步站立虽然会用于攻击，但是更多的是用于防卫。因为它本身是半身站立，易于以碎步接近或躲开，而且若把体重稍转移至后脚，容易使前脚转换用于攻击。

（1）任意一侧的脚，分别向前或向后挪动。这时前脚脚尖和后脚脚外侧之间的距离为一肩半宽，两脚呈90度。在这种形态下，两脚脚跟各向外张开约15度，前后脚脚跟左右错开2.5厘米站立，以获得更好的稳定性。

（2）适当弯曲前腿的同时，把后腿的膝盖弯曲到与脚尖垂直的位置。

（3）使侧臀部与内膝盖关节垂直。

（4）把体重分配给前腿30%，后腿70%，不分攻击和防卫，始终是半身站立。

第二节 马步站立

马步站立对侧面移动最具有安全性，多用于腿部肌肉锻炼和结合拳的站姿练习。它具有不更换两脚的位置也能转变成弓步站立的优点。

（1）两脚张开，使两脚脚尖距离一肩半宽。

（2）把体重平均分配到两腿，使脚尖稍向内扣。

（3）膝盖向前弯曲到与脚尖垂直位置，向外张开。

（4）大腿内侧用力，以向内侧拉脚心的感觉站立。

（5）向前挺起胸部和腹部，向后挺起臀部。

> **教练提示：**
>
> 　　如果两脚距离过宽，不仅站立本身不稳，而且影响移动的敏捷性。无论攻击还是防卫，都成全身式侧身站立。

第三节　交叉站立

　　交叉站立是对跑出去攻击对方正面或侧面极有利的站立姿势，也有连接下一个站立动作的作用。

　　（1）用脚尖稍点地，交叉到另一只站立的脚的后边或前边。

　　（2）体重放到脚跟着地的脚上。

　　（3）除跳的动作之外，总要把一条腿交叉放到另一条腿上。

第四节　单脚站立

　　单脚站立主要用于平衡练习，也可以用于攻击或防卫。

　　（1）伸直站立的腿，把另一只脚的脚心拿到站立的腿的内膝关节处。

　　（2）无论攻击还是防卫都成全身式侧身站立。

　　（3）用右脚站立称为右单脚站立，用左脚站立称为左单脚站立。

第五节　后脚站立

　　后脚站立不仅使前脚采取容易攻击对面的站立姿势，在调整与对方之间距离的瞬间，不把体重移动到后脚，也能攻击对方。因此除了攻击，后脚站立更多地用于防卫。

（1）把一只脚放前或放后，两脚呈 90 度方向站立，使两脚的脚尖之间距离一肩宽。

（2）弯曲后腿，使膝盖与脚尖垂直。

（3）前脚尖稍微点地，同时弯曲。

（4）前脚尖向内约 25 度，后脚尖向内约 15 度。

（5）大部分体重放到后腿上。

第三章

十级至九级
基础动作组合

　　本章主要介绍传统跆拳道基本动作组合：四方冲拳及四方格挡，其中新动作 9 个，总动作数 30 个。四方冲拳和四方格挡不包含在传统跆拳道的 24 个规定套路之内，只是一种把基本动作组合起来进行方位移动训练的训练方法，可以有效地帮助练习者从基本动作过渡到套路训练。

第一节 四方冲拳

分腿预备立（如图）。

右脚移向 D，朝 D 方向取右弓步站立，向 D 方向做右中段冲拳。

右脚移向 A，朝 B 方向取左弓步站立，向 B 方向做左外前臂低处下格挡。

右脚移向 B，朝 B 方向取右弓步站立，向 B 方向做右中段冲拳。

右脚移向 D，朝 C 方向取左弓步站立，向 C 方向做左外前臂低处下格挡。

右脚移向 C，朝 C 方向取右弓步站立，向 C 方向做右中段冲拳。

右脚移向 B，朝 A 方向取左弓步站立，向 A 方向做左外前臂低处下格挡。

右脚移向 A，朝 A 方向取右弓步站立，向 A 方向做右中段冲拳。

收回右脚还原成预备姿势。

左脚移向 D，朝 D 方向取左弓步站立，向 D 方向做左中段冲拳。

左脚移向 B，朝 A 方向取右弓步站立，向 A 方向做右外前臂低处下格挡。

左脚移向 A，朝 A 方向取左弓步站立，向 A 方向做左中段冲拳。

左脚移向 D，朝 C 方向取右弓步站立，向 C 方向做右外前臂低处下格挡。

左脚移向 C，朝 C 方向取左弓步站立，向 C 方向做左中段冲拳。

左脚移向 A，朝 B 方向取右弓步站立，向 B 方向做右外前臂低处下格挡。

左脚移向 B，朝 B 方向取左弓步站立，向 B 方向做左中段冲拳。

（停止）：收回左脚还原成预备姿势。

教练提示：

练习时应注意同手同脚动作，熟悉步伐移动的顺序和方向。

第二节　四方格挡

分腿预备立（如图）。

右脚移向 C，朝 D 方向取左弓步站立，向 D 方向做左手刀低处下格挡。

右脚移向 D，朝 D 方向取右弓步站立，向 D 方向做右内前臂中段格挡。

右脚移向 A，朝 B 方向取左弓步站立，向 B 方向做左手刀低处下格挡。

右脚移向 B，朝 B 方向取右弓步站立，向 B 方向做右内前臂中段格挡。

右脚移向 D，朝 C 方向取左弓步站立，向 C 方向做左手刀低处下格挡。

右脚移向 C，朝 C 方向取右弓步站立，向 C 方向做右内前臂中段格挡。

右脚移向 B，朝 A 方向取左弓步站立，向 A 方向做左手刀低处下格挡。

右脚移向 A，朝 A 方向取右弓步站立，向 A 方向做右内前臂中段格挡。

收回右脚还原成预备姿势。

左脚移向 C，朝 D 方向取右弓步站立，向 D 方向做右手刀低处下格挡。

左脚移向 D，朝 D 方向取左弓步站立，向 D 方向做左内前臂中段格挡。

左脚移向 B，朝 A 方向取右弓步站立，向 A 方向做右手刀低处下格挡。

左脚移向 A，朝 A 方向取左弓步站立，向 A 方向做左内前臂中段格挡。

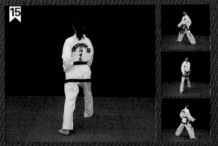

左脚移向 D，朝 C 方向取右弓步站立，向 C 方向做右手刀低处下格挡。

左脚移向 C，朝 C 方向取左弓步站立，向 C 方向做左内前臂中段格挡。

左脚移向 A，朝 B 方向取右弓步站立，向 B 方向做右手刀低处下格挡。

左脚移向 B，朝 B 方向取左弓步站立，向 B 方向做左内前臂中段格挡。（停止）：收回左脚还原成预备姿势。

教练提示：
注意中格挡和手刀格挡的位置要正确，提高格挡位置的准确性。

第四章

九级至七级套路

本章主要介绍九级白黄带至七级黄绿带需要学习的套路内容，包含：天地套路、檀君套路、岛山套路，其中新动作 22 个，总动作数 68 个。

第一节 天地套路——九级学习内容

中文名称：天地。朝鲜语发音：Chon-Ji。动作数量：19。九级：白黄带。

名称含义：创造世界，人类历史的开始。演武线为：【┼】。

分腿预备立（如图）。

左脚移向 B，朝 B 方向取左弓步站立，向 B 方向做左外前臂低处下格挡。

右脚移向 B，朝 B 方向取右弓步站立，向 B 方向做右中段冲拳。

向右转，右脚移向 A，朝 A 方向取右弓步站立，向 A 方向做右外前臂低处下格挡。

左脚移向A，朝A方向取左弓步站立，向A方向做左中段冲拳。

左脚移向D，朝D方向取左弓步站立，向D方向做左外前臂低处下格挡。

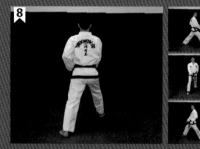

右脚移向D，朝D方向取右弓步站立，向D方向做右中段冲拳。

向右转，右脚移向C，朝C方向取右弓步站立，向C方向做右外前臂低处下格挡。

左脚移向C，朝C方向取左弓步站立，向C方向做左中段冲拳。

左脚移向A，朝A方向取左L步站立，向A方向做左内前臂中段格挡。

右脚移向 A，朝 A 方向取右弓步站立，向 A 方向做右中段冲拳。

向右转，右脚移向 B，朝 B 方向取右 L 步站立，向 B 方向做右内前臂中段格挡。

左脚移向 B，朝 B 方向取左弓步站立，向 B 方向做左中段冲拳。

左脚移向 C，朝 C 方向取左 L 步站立，向 C 方向做左内前臂中段格挡。

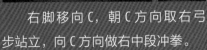

右脚移向 C，朝 C 方向取右弓步站立，向 C 方向做右中段冲拳。

向右转，右脚移向 D，朝 D 方向取右 L 步站立，向 D 方向做右内前臂中段格挡。

左脚移向D，朝D方向取左弓步站立，向D方向做左中段冲拳。

右脚移向D，朝D方向取右弓步站立，向D方向做右中段冲拳。

右脚移向C，朝D方向取左弓步站立，向D方向做左中段冲拳。

左脚移向C，朝D方向取右弓步站立，向D方向做右中段冲拳。

（停止）：收回左脚还原成预备姿势。

教练提示：

　　天地套路是24个套路的第一个套路，在练习时要重点练习弓步和L步站立的变换。

第二节　檀君道路——八级学习内容

中文名：檀君。朝鲜语发音:Dan-Gun。动作数量：21。八级：黄带。
名称含义：公元前 2333 年传说中的古朝鲜国开国始祖的名字。演武线为：
【工】。

分腿预备立（如图）。

左脚移向 B，朝 B 方向取左 L 步
站立，向 B 方向做左手刀中部戒备挡。

右脚移向 B，朝 B 方向取右弓
步站立，向 B 方向做右上段冲拳。

向右转，右脚移向 A，朝 A 方向取
右 L 步站立，向 A 方向做右手刀戒备挡。

左脚移向 A，朝 A 方向取左弓
步站立，向 A 方向做左上段冲拳。

左脚移向 D，朝 D 方向取左弓
步站立，向 D 方向做左外前臂低处
下格挡。

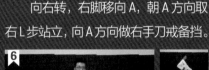

右脚移向 D，朝 D 方向取右弓步站立，向 D 方向做右上段冲拳。

左脚移向 D，朝 D 方向取左弓步站立，向 D 方向做左上段冲拳。

右脚移向 D，朝 D 方向取右弓步站立，向 D 方向做右上段冲拳。

向左转，左脚移向 E，朝 E 方向取左 L 步站立，向 E 方向做双前臂挡。

右脚移向 E，朝 E 方向取右弓步站立，向 E 方向做右上段冲拳。

向右转，右脚移向 F，朝 F 方向取右 L 步站立，向 F 方向做双前臂挡。

左脚移向 F，朝 F 方向取左弓步站立，向 F 方向做左上段冲拳。

左脚移向 C，朝 C 方向取左弓步站立，向 C 方向做左外前臂低处下格挡。

朝 C 方向保持左弓步站立，向 C 方向做左外前臂上格挡。

右脚移向 C，朝 C 方向取右弓步站立，向 C 方向做右外前臂上格挡。

左脚移向C，朝C方向取左弓步站立，向C方向做左外前臂上格挡。

右脚移向C，朝C方向取右弓步站立，向C方向做右外前臂上格挡。

向左转，左脚移向B，朝B方向取左L步站立，向B方向做左手刀中部向外打。

右脚移向B，朝B方向取右弓步站立，向B方向做右上段冲拳。

向右转，右脚移向A，朝A方向取右L步站立，向A方向做右手刀中部向外打。

左脚移向A，朝A方向取左弓步站立，向A方向做左上段冲拳。

教练提示：

　　这个套路新动作比较多，需多加练习，特别要注意第14、15动作是连续动作，不是单个动作。

第三节 岛山套路——七级学习内容

中文名：岛山。朝鲜语发音：Do-San。动作数量：24。七级：黄绿带。
名称含义：抗日时独立运动家安昌浩的雅号。演武线为：【 ⌐ 】。

分腿预备立（如图）。

左脚移向 B，朝 B 方向取左弓步
站立，向 B 方向做左外前臂高处侧挡。

朝 B 方向保持左弓步站立，向
B 方向做右中段冲拳。

左脚一放到 AB 线上立即向右
转，取右弓步站立，向 A 方向做右
外前臂高处侧挡。

朝 A 方向保持右弓步站立，向
A 方向做左中段冲拳。

左脚移向 D，朝 D 方向取左 L
步站立，向 D 方向做左手刀戒备挡。

右脚移向D，朝D方向取右弓步站立，向D方向做右立手尖中部戳。

身躯和右手刀向左扭直到手掌朝下。

左脚移向D，朝D方向取左弓步站立，向D方向做左拳背高处侧打。

右脚移向D，朝D方向取右弓步站立，向D方向做右拳背高处侧打。

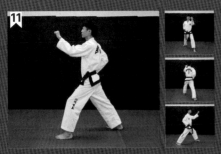

向左转，左脚移向 E，朝 E 方向取左弓步站立，向 E 方向做左外前臂高处侧挡。

朝 E 方向保持左弓步站立，向 E 方向做右中段冲拳。

左脚一放到 EF 线上，立即向右转，朝 F 方向取右弓步站立，向 F 方向做右外前臂高处侧挡。

朝 F 方向保持右弓步站立，向 F 方向做左中段冲拳。

左脚移向 CE，朝 CE 方向取左弓步站立，向 CE 方向做外前臂高处分挡。

两手不动，向 CE 方向做右脚中部前踢。

右脚落到 CE，朝 CE 方向取右弓步站立，向 CE 方向做右中段冲拳。

朝 CE 方向保持右弓步站立，向 CE 方向做左中段冲拳。第 17、18 动作是快速动作。

右脚移向 CF，朝 CF 方向去右弓步站立，向 CF 方向做外前臂高处分挡。

两手不动，向 CF 方向做左脚中部前踢破。

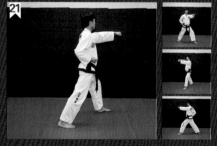

左脚落到 CF，朝 CF 方向取左弓步站立，向 CF 方向做左中段冲拳。

朝 CF 方向保持左弓步站立，向 CF 方向做右中段冲拳。第 21、22 动作是快速动作。

左脚移向 C，朝 C 方向取左弓步站立，向 C 方向做左外前臂上格挡。

右脚移向 C，朝 C 方向取右弓步站立，向 C 方向做右外前臂上格挡。

向左转，左脚移向 B，朝 D 方向取马步站立，向 B 方向做左手刀中部侧打。

左脚移到右脚，立即把右脚移到 A，朝 D 方向取马步站立，向 A 方向做右手刀中部侧打。

教练提示：

这个套路里增加了一个马步，在练习时要注意步伐的转换。

第五章

六级至四级套路

本章主要介绍六级绿带至四级蓝带需要学习的套路内容，包含：元晓套路、栗谷套路、重根套路，其中新动作33个，总动作数101个。

第一节　元晓套路——六级学习内容

中文名：元晓。朝鲜语发音：Won-Hyo。动作数量：28。六级：绿带。
名称含义：把佛教传入新罗王朝之高僧元晓。演武线为：【 工 】。

脚尖并拢预备立（如图）。

左脚移向B，朝B方向取左L步站立，向B方向做双前臂挡。

朝B方向保持左L步站立，向B方向做右手刀高处向里打，同时左拳侧拉到右肩前。

左脚伸向B，朝B方向取左固定立，向B方向做左中段冲拳。

左脚一移到右脚，立即把右脚移向A，朝A方向取右L步站立，向A方向做双前臂挡。

朝A方向保持右L步站立，向A方向做左手刀高处向里打，同时把右拳拉到左胸前。

右脚伸向 A，朝 A 方向取右固定站立，向 A 方向做右中段冲拳。

右脚移到左脚位置的同时，立即朝 D 方向取右屈膝预备立，目视 D 方向。

向 D 方向做左脚中部侧踢刺。

左脚落到 D，朝 D 方向取左 L 步站立，向 D 方向做左手刀中部戒备挡。

右脚移向 D，朝 D 方向取右 L 步站立，向 D 方向做右手刀中部戒备挡。

左脚移向 D，朝 D 方向取左 L 步站立，向 D 方向做左手刀中部戒备挡。

17 右脚移到左脚位置的同时，立即把右脚移向 F，朝 F 方向取右 L 步站立，向 F 方向做双前臂挡。

18 朝 F 方向保持右 L 步站立，向 F 方向做左手刀从高处向里打，同时把右拳侧拉到左肩前。

右脚伸向 F, 朝 F 方向取右固定站立，向 F 方向做右中段冲拳。

右脚移到左脚位置的同时，立即把左脚移到 C，朝 C 方向取左弓步站立，向 CF 方向做右内前臂转挡。

两手不动，向 C 方向做右脚前踢破。

右脚落到 C，朝 C 方向取右弓步站立，向 C 方向做左中段冲拳。

朝 C 方向保持右弓步站立，向 CE 方向做左内前臂转挡。

两手不动，向 C 方向做左脚前踢破。

左脚落到 C，朝 C 方向取左弓步站立，向 C 方向做右中段冲拳。

朝 C 方向取左屈膝预备立，目视 C 方向。

向 C 方向做右脚中部侧踢刺。

右脚一移到 CD 线上，立即向左转，把左脚移到 B，朝 B 方向取左 L 步站立，向 B 方向做左外前臂中部戒备挡。

左脚一移到右脚，立即把右脚移向 A，朝 A 方向取右 L 步站立，向 A 方向做右外前臂中部戒备挡。

教练提示：

这个套路中新增加单脚站立，要在练习中提高单脚站立的稳定性。

第二节　栗谷套路——五级学习内容

中文名称：栗谷。朝鲜语发音：Yul-Gok。动作数量：38。五级：绿蓝带。

名称含义：朝鲜著名儒学家李珥的雅号。演武线为：【⊥】。

分腿预备立（如图）。

左脚移向 B，朝 D 方向取马步站立，把左拳水平伸向 D 方向。

朝 D 方向保持马步站立，向 D 方向做右中段冲拳。

朝 D 方向保持马步站立，向 D 方向做左中段冲拳。第 3、4 动作为连续动作。

左脚移到右脚位置的同时，立即把右脚移向 A，朝 A 方向取马步站立，右拳水平伸向 D 方向。

朝 D 方向保持马步站立，向 D 方向做左中段冲拳。

朝 D 方向保持马步站立，向 D 方向做右中段冲拳。第 6、7 动作为连续动作。

右脚移向 AD，朝 AD 方向取右弓步站立，向 AD 方向做右内前臂高处侧挡。

两手不动，向 AD 方向做左脚前踢破。

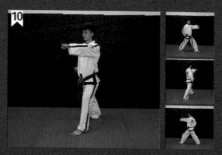

左脚落到 AD，朝 AD 方向做左弓步站立，向 AD 方向做左中段冲拳。

朝 AD 方向保持左弓步站立，向 AD 方向做右中段冲拳。第 10、11 动作为连续动作。

左脚移向 BD，朝 BD 方向取左弓步站立，向 BD 方向做左内前臂高处侧挡。

两手不动，向 BD 方向做右脚前踢破。

右脚落到 BD，朝 BD 方向取右弓步站立，向 BD 方向做右中段冲拳。

朝 BD 方向保持右弓步站立，向 BD 方向做左中段冲拳。第 14,15 动作为连续动作。

左脚不动，右脚移向 D，朝 D 方向取右弓步站立，向 D 方向做右手掌中部按挡。

朝 D 方向保持右弓步站立，向 D 方向做左手掌高处按挡。

朝 D 方向保持右弓步站立，向 D 方向做右中段冲拳。第 17、18 动作为连续动作。

左脚移向 D，朝 D 方向取左弓步站立，向 D 方向做左手掌中部按挡。第 20、21 动作为连续动作。

朝 D 方向保持左弓步站立，向 D 方向做右手掌高处按挡。

朝 D 方向保持左弓步站立，向 D 方向做左中段冲拳。

右脚移向 D，朝 D 方向取右弓步站立，向 D 方向做右中段冲拳。

朝 D 方向取右屈膝预备立，目视 D 方向。

向 D 方向做左脚侧踢刺。

左脚落到 D，朝 D 方向取左弓步站立，向 D 方向做右平肘打。

朝 C 方向取左屈膝预备立，目视 C 方向。

向C方向做右脚侧踢刺。

右脚落到C，朝C方向取右弓步站立，向C方向做左平肘打。

左脚移向E，朝E方向取左L步站立，向E方向做双手刀挡。

右脚移向E，朝E方向取右弓步站立，向E方向做右立手尖中部戳。

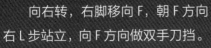

向右转，右脚移向F，朝F方向右L步站立，向F方向做双手刀挡。

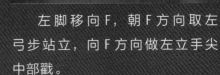

左脚移向F，朝F方向取左弓步站立，向F方向做左立手尖中部戳。

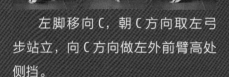

　　左脚移向 C，朝 C 方向取左弓步站立，向 C 方向做左外前臂高处侧挡。

　　朝 C 方向保持左弓步站立，向 C 方向做右中段冲拳。

　　右脚移向 C，朝 C 方向取右弓步站立，向 C 方向做右外前臂高处侧挡。

　　朝 C 方向保持右弓步站立，向 C 方向做左中段冲拳。

跳向 C，朝 B 方向取左交叉站立，向 C 方向做左拳背高处侧打。

向右转，右脚移向 A，朝 A 方向取右弓步站立，向 A 方向做右两前臂高处正挡。

右脚一移到左脚，立即把左脚移到 B，朝 B 方向取左弓步站立，向 B 方向做左两前臂高处正挡。

教练提示：

需要注意粟谷套路的多个连续动作。

第二节 重根章路——四级学习内容

中文名称：重根。朝鲜语发音：Joong-Gun。动作数量：32。四级：蓝带。

名称含义：朝鲜民族英雄安重根，三十二表示他的年龄。演武线为：【 ⊥ 】。

脚尖并拢预备立（如图）。

左脚移向 B，朝 B 方向取左 L 步站立，向 B 方向做左反手刀中部挡。

两手不动，向 B 方向做左脚前踢破。

左脚一落到 B，立即把右脚移向 B，朝 B 方向取右后腿立，向 B 方向做右手掌上提挡。

向右转，右脚移向 A，朝 A 方向取右 L 步站立，向 A 方向做右反手刀中部挡。

两手不动，向 A 方向做右脚前踢破。

右脚一落到 A，立即把左脚移向 A，朝 A 方向取左后腿立，向 A 方向做左手掌上提挡。

左脚移向 D，朝 D 方向取左 L 步站立，向 D 方向做左手刀中部戒备挡。

左脚伸向 D，朝 D 方向取左弓步站立，向 D 方向做右上肘打。

右脚移向 D，朝 D 方向取右 L 步站立，向 D 方向做右手刀中部戒备挡。

右脚伸向 D，朝 D 方向取右弓步站立，向 D 方向做左上肘打。

左脚移向 D，朝 D 方向取左弓步站立，向 D 方向做双拳高处立刺。

右脚移向 D, 朝 D 方向取右弓步站立, 向 D 方向做双拳翻刺。

右脚一移到 CD 线上, 立即向左转, 朝 C 方向取左弓步站立, 用交叉拳举挡。

左脚移向 E, 朝 E 方向取左 L 步站立, 向 E 方向做左拳背高处侧打。

左脚伸向 E, 朝 E 方向取左弓步站立, 左拳向左转直到拳背向下。

朝 E 方向保持左弓步站立，向 E 方向做右上段冲拳。第 16、17 动作要用快速动作练习。

左脚一移到右脚，立即把右脚移到 F，朝 F 方向取右 L 步站立，向 F 方向做右拳背高处打。

右脚伸向 F，朝 F 方向取右弓步站立，右拳向右转直到拳背向下。

朝 F 方向保持右弓步站立，向 F 方向做左上段冲拳。

右脚一移到左脚，立即把左脚移向 C，朝 C 方向取左弓步站立，向 C 方向做左两前臂高处正挡。

收回左脚，朝 C 方向取左 L 步站立，向 C 方向做左中段冲拳。

向 C 方向做右脚侧踢刺。

右脚落到 C，朝 C 方向取右弓步站立，向 C 方向做右两前臂高处正挡。

收回右脚，朝 C 方向取右 L 步站立，向 C 方向做右中段冲拳。

向 C 方向做左脚侧踢刺。

左脚落到 C，朝 C 方向取左 L 步站立，向 C 方向做左外前臂中部戒备挡。

左脚伸向 C，朝 C 方向取左低姿立，向 C 方向做右手掌反压挡。

右脚移向 C，朝 C 方向取右 L 步站立，向 C 方向做右外前臂中部戒备挡。

右脚伸向 C，朝 C 方向取右低姿立，向 C 方向做左手掌反压挡。

左脚移到右脚，朝 A 方向取脚尖并拢立，用右拳进行┐字型刺。

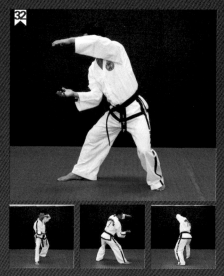

右脚移向 A, 朝 A 方向取右固定立，向 A 方向做匚字型挡。

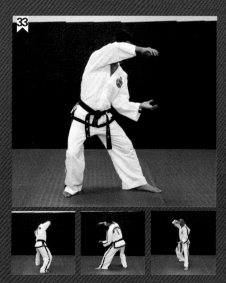

右脚一移到左脚，立即把左脚移向 B, 朝 B 方向取左固定站立，向 B 方向做匚字型挡。第 28、30、31 动作是缓慢动作。

（停止）：左脚收回还原成预备姿势。

第六章

三级至一级套路

　　本章主要介绍三级蓝红带至一级红黑带需要学习的套路内容，包含：退溪套路、花郎套路、忠武套路，其中新动作 29 个，总动作数 103 个。9 个级别套路新动作数共 84 个，总动作数共 258 个。

第一节　退溪套路——三级学习内容

中文名称：退溪。朝鲜语发音：Toi-Gye。动作数量：37。三级：蓝红带。名称含义：朝鲜著名学者及儒学家李滉的雅号。演武线为：【ퟭ】。

脚尖并拢预备立（如图）。

左脚移向 B，朝 B 方向取左 L 步站立，向 B 方向做左内前臂中段格挡。

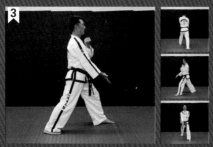

左脚伸向 B，朝 B 方向取左弓步站立，向 B 方向做右翻手尖低处戳。

左脚移到右脚朝 D 方向取脚尖并拢立，向 C 方向做右拳背侧后打，同时把左前臂伸向侧下。这是缓慢的动作。

右脚移向 A，朝 A 方向取右 L 步站立，向 A 方向做右内前臂中段格挡。

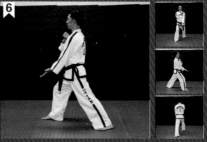

右脚伸向 A，朝 A 方向取右弓步站立，向 A 方向做左翻手尖低处戳。

右脚移到左脚，朝 D 方向取脚尖并拢立，向 C 方向做左拳侧后打，同时右臂伸向侧下。这是缓慢的动作。

左脚移向 D，朝 D 方向取左弓步站立，向 D 方向做交叉拳压挡。

朝 D 方向保持左弓步站立，向 D 方向做双拳高处立刺。第 8、9 动作是连续动作。

两手不动，向 D 方向做右脚中部前踢破。

右脚落到 D，朝 D 方向取右弓步站立，向 D 方向做右中段冲拳。

朝 D 方向保持右弓步站立，向 D 方向做左中段冲拳。

左脚移到右脚，朝 F 方向取脚尖并拢立，两拳同时拉到腰部。这是缓慢的动作。

右脚蹬地移向 F，朝 C 方向取马步站立，向 C 方向做右外前臂山字型挡。

蹬地向右转，左脚移向 F，朝 D 方向取马步站立，向 D 方向做左外前臂山字型挡。

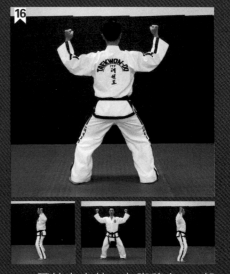

蹬地向右转，左脚移向 E，朝 C 方向取马步站立，向 C 方向做左外前臂山字型挡。

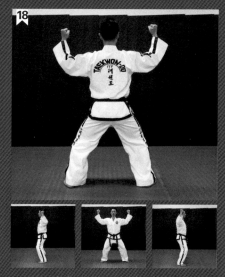

蹬地向左转，右脚移向 E，朝 D 方向取马步站立，向 D 方向做右外前臂山字型挡。

蹬地向右转，左脚移向 E，朝 C 方向取马步站立，向 C 方向做左外前臂山字型挡。

蹬地向右转，左脚移向 F，朝 D 方向取马步站立，向 D 方向做左外前臂山字型挡。

右脚一移到左脚立即把左脚移到 D，朝 D 方向取左 L 步站立，向 D 方向做左两前臂低处推挡。

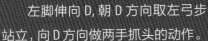

左脚伸向 D，朝 D 方向取左弓步站立，向 D 方向做两手抓头的动作。

两手下落，同时向 D 方向做右顶膝。

右脚一落到左脚，立即把左脚移向 C，朝 C 方向取左 L 步站立，向 C 方向做左手刀中部戒备挡。

两手不动，向 C 方向做左脚前踢破。

左脚落到 C，朝 C 方向取左弓步站立，向 C 方向做左扣手尖高处戳。

右脚移向 C，朝 C 方向取右 L 步站立，向 C 方向做右手刀中部戒备挡。

两手不动，向 C 方向做右脚前踢破。

右脚落到 C，朝 C 方向取右弓步站立，向 C 方向做右扣手尖高处戳。

右脚移到 D，朝 C 方向取左 L 步站立，向 D 方向做右拳背侧后打，用左前臂朝 C 方向低处挡。

跳向 C，朝 A 方向取右交叉立，向 A 方向做交叉拳压挡。

右脚移向 C，朝 C 方向取右弓步站立，向 C 方向做右两前臂高处正挡。

向左转，左脚移向 B，朝 B 方向取左 L 步站立，向 B 方向做左手刀低处戒备挡。

左脚伸向 B，朝 B 方向取左弓步站立，向 BD 方向做右内前臂转挡。

左脚一移到右脚，立即把右脚移向 A，朝 A 方向取右 L 步站立，向 A 方向做右手刀低处戒备挡。

右脚伸向 A，朝 A 方向取右弓步站立，向 AD 方向做左内前臂转挡。

朝 CE 方向取左弓步站立，向 BD 方向做右内前臂转挡。

朝 A 方向取右弓步站立，向 AD 方向做左内前臂转挡。

右脚移向 AB 线上，朝 D 方向取马步站立，向 D 方向做右中段冲拳。
（停止）：移动右脚还原成预备姿势。

第二节 花郎套路——二级学习内容

中文名称：花郎。朝鲜语发音：Hwa-Rang。动作数量：29。二级：红带。

名称含义：新罗王朝的青年贵族之武士精神花郎道。演武线为：【⊥】。

脚尖并拢预备立于C（如图）。

左脚移向B，朝D方向取马步站立，向D方向做左手中部推挡。

朝D方向保持马步站立，向D方向做右中段冲拳。

朝D方向保持马步站立，向D方向做左中段冲拳。

左脚不动，朝A方向取右L步站立，向A方向做双前臂挡。

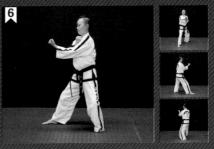

朝A方向保持右L步站立，用左拳上刺，同时，把右拳侧拉到左胸前。

滑步移向 A, 朝 A 方向取右固定站立，向 A 方向做右中段冲拳。

右脚回拉，朝 A 方向取右垂直站立，向 A 方向做右手刀下打。

左脚移向 A，朝 A 方向取左弓步站立，向 A 方向做左中段冲拳。

左脚移向 D，朝 D 方向取左弓步站立，向 D 方向做左外前臂低处下格挡。

右脚移向 D，朝 D 方向取右弓步站立，向 D 方向做右中段冲拳。

左脚移向右脚，把左手掌放到右拳前，同时将右肘朝外弯曲45 度。

两手反向拉，同时向 D 方向做右脚侧踢刺。

右脚落到 D，朝 D 方向取右 L 步站立，向 D 方向做右手刀中部向外打。

左脚移向 D，朝 D 方向取左弓步站立，向 D 方向做左中段冲拳。

右脚移向 D，向 D 方向取右弓步站立，向 D 方向做右中段冲拳。

向左转，左脚移向E，朝E方向取左L步站立，向E方向做左手刀中部戒备挡。

右脚移向E，朝E方向取右弓步站立，向E方向做右立手尖中部戳。

右脚移向EF线上，朝F方向取左L步站立，向F方向做左手刀中部戒备挡。

右脚朝DF方向进行高处转踢后立即落到F。

左脚朝CF方向进行高处转踢。

左脚落到F，朝F方向取左L步站立，向F方向做左手刀中部戒备挡。

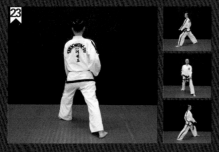

左脚移向C，朝C方向取左弓步站立，向C方向做左外前臂低处下格挡。

收回左脚朝C方向取左L步站立，向C方向做右中段冲拳。

右脚移向C，朝C方向取右L步站立，向C方向做左中段冲拳。

左脚移向C，朝C方向取左L步站立，向C方向做右中段冲拳。

左脚伸向 C，朝 C 方向取左弓步站立，朝 C 方向做交叉拳压挡。

右脚滑步移向 C，朝 D 方向取左 L 步站立，向 C 方向做右肘侧戳。

向左转，左脚移到右脚，朝 B 方向取脚尖并拢立，向 B 方向做右内前臂侧前挡，把左前臂伸向侧下。

朝 B 方向保持脚尖并拢立，向 B 方向做左内前臂侧前挡，同时把右前臂伸向侧下。

左脚移向 B，朝 B 方向取左 L 步站立，向 B 方向做左手刀中部戒备挡。

左脚一移到右脚，立即把右脚移向 A，朝 A 方向取右 L 步站立，向 A 方向做右手刀中部戒备挡。

（停止）：移动右脚还原成预备姿势。

第三节 忠武套路——做单引内容

中文名称：忠武。朝鲜语发音：Choong-Moo。动作数量 30。一级：红黑带。名称含义：粉碎丰臣秀吉侵略军之李舜臣将军的雅号。 演武线为：【工】。

分腿预备立（如图）。

左脚移向 B，朝 B 方向取左 L 步站立，向 B 方向做双手刀挡。

右脚移向 B，朝 B 方向取右弓步站立，向 B 方向做右手刀高处前打，同时左手背放到额前。

向右转，右脚移向 A，朝 A 方向取右 L 步站立，向 A 方向做右手刀中部戒备挡。

左脚移向 A，朝 A 方向取左弓步站立，向 A 方向做左扣手尖高处戳。

左脚移向 D，朝 D 方向取左 L 步站立，向 D 方向做左手刀中部戒备挡。

朝C方向取左屈膝预备立，目视C方向。

朝C方向做右脚侧踢刺。

右脚落到C，朝D方向取左L步站立，向D方向做左手刀中部戒备挡。

右脚移到D的同时，立即朝D方向做跳起右脚侧踢刺。

落到D，朝D方向取右L步站立，向D方向做右手刀中部戒备挡。

向左转，左脚移向E，朝E方向取左L步站立，向E方向做左外前臂低处下格挡。

左脚移向 E，朝 E 方向取左弓步站立，向 E 方向做两手抓头的动作。

两手放下，朝 E 方向做膝顶。

右脚移到左脚的同时，立即向左转，把左脚移向 F，朝 F 方向取左弓步站立，向 F 方向做右手刀背高处前打，把左手背放到右肘关节下。

向 DF 方向做右脚高处转踢。

右脚落到左脚，向 F 方向做左脚后踢刺。第 16、17 动作是快速

左脚落到 F，朝 E 方向取右 L 步站立，向 E 方向做右外前臂中部

向DE方向做左脚中部转踢。

左脚落到右脚的同时，立即把右脚移向C，朝C方向取左固定立，向C方向做凵字挡。

跳起在空中转一圈后落到原地，朝C方向取右L步站立，向C方向取右手刀戒备挡。

左脚移向C，朝C方向取左弓步站立，向C方向做右翻手尖低处戳。

收回左脚朝C方向取左L步站立，向D方向做右背拳侧后打，向C方向做左外前臂低处下格挡。

右脚移向C，朝C方向取右弓步站立，向C方向做右立手尖中部戳。

向左转，左脚移向 B，朝 B 方向取左弓步站立，向 B 方向做左两前臂高处正挡。

右脚移向 B，朝 C 方向取马步站立，向 C 方向做右外前臂前挡。

朝 C 方向保持马步站立，向 B 方向做右拳背高处侧打。第 26、27 动作是快速动作。

向左转，向 A 方向做右脚侧踢刺。

右脚落到 A，向右转，朝 A 方向做左脚侧踢刺。

左脚落到 A 的同时，左脚不动，朝 B 方向取右 L 步站立，向 B 方向做交叉手刀停挡。

左脚移向 B，朝 B 方向取左弓步站立，向 B 方向做双手掌上挡。

左脚移到 AB 线上的同时，朝 A 方向取右弓步站立，朝 A 方向做右外前臂举挡。

朝 A 方向保持右弓步站立，向 A 方向做左中段冲拳。

(停止)：移动左脚还原成预备姿势。

第七章

黑带一段套路

　　本章主要介绍黑带一段需要学习的三
个套路内容，包含：广开套路、圃隐套路、
阶伯套路，其中新动作 33 个，总动作数
123 个。

第一节　广开套路——一段学习内容

中文名称：广开。朝鲜语发音：Kwang-Gae。动作数量：39。一段：黑带Ⅰ。名称含义：公元391年登基的高句丽广开土王。演武线为：【　】。

分腿立天手（如图）。

两手左右分开，左脚朝B方向抬起。

两手画着圆移到肚脐前，左脚移向右脚朝D方向取脚尖并拢预备立B。

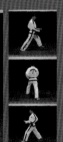

左脚移向D，朝D方向取左弓步站立，向D方向做右拳翻刺。

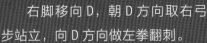

右脚移向D，朝D方向取右弓步站立，向D方向做左拳翻刺。

左脚移到右脚侧前，立即把右脚移向D，朝D方向移动两步取右弓步站立，向D方向做右手掌高处按挡。这个动作是移两步动作。

右脚滑向 C，朝 D 方向取左 L 步站立，向 D 方向做手刀低处戒备挡。

右脚移向左脚侧前，立即把左脚移向 D，朝 D 方向取左弓步站立，向 D 方向做左手掌高处按挡。这个动作是移动两步动作。

左脚滑向 C，朝 D 方向取右 L 步站立，向 D 方向做手刀低处戒备挡。

左脚移向 D，朝 D 方向取左后腿立，向 D 方向做左手刀高处戒备挡。

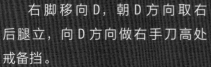

右脚移向 D，朝 D 方向取右后腿立，向 D 方向做右手刀高处戒备挡。

左脚移到右脚侧前的同时，立即扭着左脚向左转，朝 C 方向取左弓步站立，向 C 方向做右手掌向上挡。这个动作是缓慢动作。

右脚移向C，朝C方向取右弓步站立，向C方向做左手掌向上挡。这个动作是缓慢的动作。

左脚移到右脚朝C方向取脚尖并拢立，用右手刀画着圆低处前挡，同时右手刀打左手掌。

两手不动，向E方向做左脚压踢。

两手不动，向E方向做左脚中部侧踢刺。第15、16动作是顺次踢动作。

左脚落到E，朝E方向取左L步站立，向E方向做右手刀高处向内打，同时左拳侧拉向右肩前。

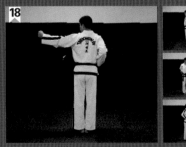

左脚移到右脚，朝C方向取脚尖并拢立，向E方向做左拳侧向下打。

两手不动，向 F 方向做右脚压踢。

两手不动，向 F 方向做右脚中部侧踢刺。第 19、20 动作是顺次踢动作。

右脚落到 F，朝 F 方向取右 L 步站立，向 F 方向做左手刀高处向内打，同时右拳侧拉到左肩前。

右脚移向左脚，朝 C 方向取脚尖并拢立，向 F 方向做右拳侧向下打。

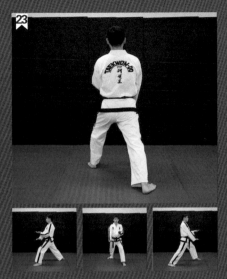

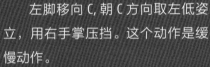

左脚移向 C, 朝 C 方向取左低姿立, 用右手掌压挡。这个动作是缓慢动作。

右脚移向 C, 朝 C 方向取右低姿立, 用左手掌压挡。这个动作是缓慢动作。

右脚蹬地移向 D, 朝 F 方向取马步站立, 向 D 方向做右拳背高处侧打。

左脚不动, 朝 D 方向取右弓步站立, 向 D 方向做右两前臂中部正挡。

朝 D 方向保持右弓步站立，向 C 方向滑步，右手不动，向 D 方向做左前臂低处反挡。

右脚伸向 D，朝 D 方向取右低姿立，向 D 方向做右扣手尖高处戳。这个动作是缓慢动作。

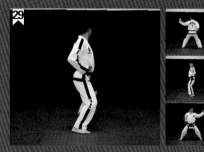

左脚蹬地移到 CD 线，朝 F 方向取马步站立，向 C 方向做左拳背高处侧打。

左脚不动，朝 C 方向取左弓步站立，向 C 方向做左两前臂中部正挡。

朝 C 方向保持左弓步站立，滑步移向 D，左手不动，向 C 方向做右前臂低处反挡。

左脚伸向 C，朝 C 方向取左低姿立，向 C 方向做左扣手尖高处戳。

右脚蹬地移向 C，朝 C 方向取右弓步站立，向 C 方向做双拳高处立刺。

左脚蹬地移向 A，朝 A 方向取左弓步站立，向 A 方向做双拳翻刺。

两手不动，向 A 方向做右脚中部前踢破。

右脚落到左脚旁的同时，立即把左脚移向 A，朝 B 方向取右 L 步站立，向 B 方向做右手刀中部戒备挡。

左脚移向 B，朝 B 方向取左弓步站立，向 B 方向做左上段冲拳。

右脚蹬地移向 B，朝 B 方向取右弓步站立，向 B 方向做双拳翻刺。

　　两手不动，向 B 方向做左脚中部前踢破。

　　左脚落到右脚旁的同时，立即把右脚移向 B，朝 A 方向取左 L 步站立，向 A 方向做左手刀中部戒备挡。

　　右脚移向 A，朝 A 方向取右弓步站立，向 A 方向做右上段冲拳。（停止）：移动左脚还原成预备姿势。

第二节　圉隐套路——一段学习内容

中文名称：圉隐。朝鲜语发音：Po-Eun。动作数量：36。一段：黑带I。

名称含义：高丽王朝的忠臣及诗人郑梦周的雅号。演武线为：【——】。

分腿立天手（如图）。

左脚移向B，朝B方向取左L步站立，向B方向做左外前臂中部戒备挡。

右脚提到左膝关节，朝D方向取左单腿立，举双拳。

两手不动，向A方向做右脚压踢。

右脚落到A，朝D方向取马步站立，向A方向做右手刀中部侧打。

朝D方向保持马步站立，用左拳进行コ字型刺。

朝 D 方向保持马步站立，用左前拳进行压挡，用右内前臂进行侧前挡。

朝 D 方向保持马步站立，用右前拳进行压挡，用左内前臂进行侧前挡。

朝 D 方向保持马步站立，用内前臂进行中部分挡。

朝 D 方向保持马步站立，朝 C 方向进行右后肘戳，把左手掌移到右拳前，目视 D 方向。

朝 D 方向保持马步站立，把左手掌提到右肘关节，向 D 方向做右中段冲拳。

朝 D 方向保持马步站立，把右手掌移到左前拳，向 C 方向做左后肘戳。

朝 D 方向保持马步站立，朝 A 方向进行右水平刺。第 7~13 动作是连续动作。

左脚移向右脚，朝 D 方向取右交叉立，向 D 方向做右外前臂低处前挡，同时把左手指腹放到右底前臂。

右脚移向A，朝A方向取右L步站立，向A方向进行匚字抓。

左脚移向右脚旁，朝D方向取双脚并拢立，用双肘水平戳。这个动作是缓慢动作。

左脚移向B，朝D方向取马步站立，向C方向做右拳背侧后打，同时把左臂伸向侧下。

右脚移向左脚旁，朝D方向取左交叉立，用左外前臂低处前挡，同时把右手指腹放到左拳侧。

左脚移向B，朝D方向取马步站立，向B方向做左手刀背低处戒备挡。

左脚不动，朝A方向取右L步站立，向A方向做右外前臂中部戒备挡。

左脚提到右膝关节，朝 D 方向取右单腿立，把两拳抬高。

两手不动，向 B 方向做左脚压踢。

左脚落到 B，朝 D 方向取马步站立，向 B 方向做左手刀中部侧打。

朝 D 方向保持马步站立，用右拳进行┓字型刺。

朝 D 方向保持马步站立，用右拳进行压挡，同时用左前臂侧前挡。

朝 D 方向保持马步站立，用左拳进行压挡，同时用右内前臂侧前挡。

朝 D 方向保持马步站立，用内前臂进行中部分挡。

朝 D 方向保持马步站立，右手掌移向左拳前，同时向 C 方向做左后肘戳。

朝 D 方向保持马步站立，右手掌朝左肘关节上提，向 D 方向做左中段冲拳。

朝 D 方向保持马步站立，左手掌移向右拳前，向 C 方向做右后肘戳。

朝 D 方向保持马步站立，向 B 方向做左水平刺。第 25~31 动作是连续动作。

右脚移向左脚旁，朝 D 方向取左交叉立，用左外前臂低处前挡，右手指腹移到左前臂前。

左脚移向 B，朝 B 方向取左 L 步站立，向 B 方向做 匚 字型抓。

右脚移向左脚，朝 D 方向取脚尖并拢立，双肘水平戳。这个动作是慢动作。

右脚移向 A，朝 D 方向取马步站立，向 C 方向做左拳背侧后打，同时右前臂伸向侧下。

左脚移向右脚，朝 D 方向取右交叉立，用右外前臂低处前挡，同时左手指腹移到右拳侧。

右脚移向 A，朝 D 方向取马步站立，向 A 方向做右手刀背低处戒备挡。
（停止）：移动左脚还原成预备姿势。

第三节　阶伯套路——一段学习内容

中文名称：阶伯。朝鲜语发音：Ge-Baek。动作数量：44。一段：黑带Ⅰ。

名称含义：百济王朝著名将军阶伯的名字。演武线为：【┃】。

分腿预备立（如图）。

右脚移向C，朝D方向取左L步站立，向D方向做交叉手刀停挡。

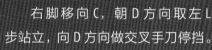

两手不动，向D方向做右脚低处扭踢。

右脚落到D，朝D方向取右弓步站立，向D方向做右中段冲拳。

朝D方向保持右弓步站立，向D方向做左中段冲拳。第4、5动作是快速动作。

右脚移向C，朝D方向取左弓步站立，向D方向做左前臂举挡。

朝 D 方向保持左弓步站立，向 D 方向做左外前臂低处下格挡。第 6、7 动作是连续动作。

朝 D 方向保持左弓步站立，向 AD 方向做两半月手高处挡，从其间隙向前看。

目视 D 方向，朝 D 方向取右屈膝预备立。

左脚落到 AD，朝 AD 方向取马步站立，向 AC 方向做左手掌上提挡。

朝AC方向保持马步站立，向AC方向做右中段冲拳。第10、11动作是连续动作。

朝AC方向保持马步站立，向AC方向做左拳背向前打。

右脚移到AB线上，立即把左脚移向C，朝C方向取左L步站立，向C方向做左手刀中部戒备挡。

两手不动，向C方向做左脚前踢破。

左脚落到C，朝C方向取左低姿立，向C方向做左扣手尖高处戳。

朝C方向保持左低姿立，向C方向做右扣手尖高处戳。

两手反拉，向 C 方向做右脚侧踢刺。

右脚落到 C，朝 D 方向取左 L 步站立，向 D 方向做左外前臂中部戒备挡。

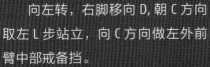

向左转，右脚移向 D，朝 C 方向取左 L 步站立，向 C 方向做左外前臂中部戒备挡。

向左转，左脚移向 D，朝 D 方向取左 L 步站立，向 D 方向做左手刀中部戒备挡。

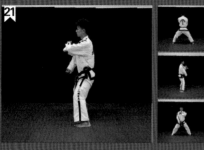

左脚移到 CD 线上，朝 A 方向取马步站立，进行 9 字型挡。

向左转，右脚移向 D，朝 C 方向取左弓步站立，向 C 方向做左手刀低处下格挡。

向 BC 方向做右脚转踢后落到 C。

向 C 方向做右脚跳起侧踢刺。第 23、24 动作是快速动作。

落到 C，朝 C 方向取右弓步站立，向 C 方向做双拳高处立刺。

朝 C 方向保持右弓步站立，向 AC 方向做两半月手高处挡，从两手间隙向前看。

朝 C 方向保持右弓步站立，向 C 方向做左拳翻刺。

右脚移向 CD 线上，朝 D 方向取左弓步站立，用右前臂前打左手掌。

跳到 D，朝 BD 方向取右交叉立，向 D 方向做右两前臂高处正挡。

左脚移向 BC，朝 BD 方向取马步站立，向 BD 方向做右手掌上提挡。

朝 BD 方向保持马步站立，向 BD 方向做左中段冲拳。第30、31动作是连接动作。

朝 BD 方向保持马步站立，向 BD 方向做右拳背向前打。

左脚移向 C, 朝 C 方向取左弓步站立，向 C 方向做右手刀背高处前打。

左脚朝 A 移约一个半肩宽，同时向 C 方向做右脚转踢。

右脚一落到 C, 立即以右脚为轴向左转，朝 D 方向取左弓步站立，向 D 方向做双拳高处立刺。

左脚拉回，朝 D 方向取左 L 步站立，向 D 方向做右中指拳翻刺，同时把左拳侧移到右肩前。

右脚移向 D，朝 B 方向取马步站立，进行 9 字型挡。

朝 B 方向保持马步站立，向 C 方向做左手刀背低处戒备挡。

朝 B 方向保持马步站立，向 D 方向做右手刀低处戒备挡。

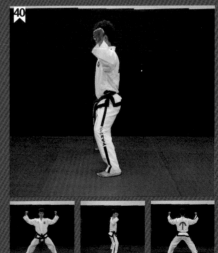

左脚蹬地移向 D，朝 A 方向取马步站立，用外前臂进行山字型挡。

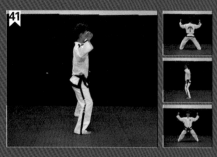

左脚蹬地移向 C，朝 B 方向取马步站立，用外前臂进行山字挡。

右脚移向 C，朝 C 方向取右弓步站立，向 C 方向做右前臂举挡。

朝 C 方向保持右弓步站立，向 C 方向做左中段冲拳。

向左转，右脚移到 CD 线上，朝 D 方向取左弓步站立，向 D 方向做左外前臂举挡。

朝 D 方向保持左弓步站立，向 D 方向做右中段冲拳。

（停止）：移动右脚还原成预备姿势。

第八章

黑带一段套路

本章主要介绍黑带二段需要学习的套路内容，包含：义奄套路、忠壮套路、主体套路，其中新动作58个，总动作数142个。

第一节　义奄套路——二段学习内容

中文名称：义奄。朝鲜语发音：Eui-Am。动作数量：45。二段：黑带Ⅱ。
名称含义："三一独立运动"的代表人物孙秉熙的雅号。演武线为：【 】。

脚尖并拢预备立（如图）。

右脚移向 C，朝 D 方向取左弓步
站立，向 D 方向做右手刀低处向里挡。

左脚移向 C，朝 D 方向取右弓
步站立，向 D 方向做左外前臂高处
侧挡。

朝 D 方向保持右弓步站立，向
D 方向做右中段冲拳。

两手不动，向 D 方向做左脚低
处扭踢。

左脚落到 D，朝 D 方向取左弓
步站立，用交叉拳压挡。

朝 D 方向保持左弓步站立，向 D 方向做右手刀举挡。第 6、7 动作是连续动作。

跳到 D，朝 BD 方向取右交叉立，向 D 方向做右拳背高处侧打，同时左手指腹移到右拳侧。

左脚移向 C，朝 C 方向取左 L 步站立，向 C 方向做左中段冲拳。

向 AC 方向做右脚中部反转踢。

右脚蹬地移到 C，朝 A 方向取马步站立，向 C 方向做右手刀中部侧打。

两手反拉，左脚向右转，同时向 C 方向做中部侧踢刺。

左脚落到 C，朝 C 方向取左弓步站立，用右拳进行高处半月刺。

右脚收回朝 C 方向取分腿立，用左拳进行中部转刺。这个动作是缓慢动作。

左脚移向 D，朝 C 方向取右弓步站立，向 C 方向做左手刀低处向内挡。

右脚移向 D，朝 C 方向取左弓步站立，向 C 方向做右外前臂高处侧挡。

朝 C 方向保持左弓步站立，向 C 方向做左中段冲拳。

两手不动，向 C 方向做右脚低处扭踢。

右脚落到 C，朝 C 方向取右弓步站立，用交叉拳压挡。

朝 C 方向保持右弓步站立，用左手刀举挡。第 19、20 动作是连续动作。

跳到 C，朝 BC 方向取左交叉立，向 C 方向做左拳背高处侧打。同时右手指腹移到左拳侧。

右脚移向 D，朝 D 方向取右 L 步站立，向 D 方向做右中段冲拳。

向 AD 方向做左脚中部反转踢。

左脚蹬地落到 D，朝 A 方向取马步站立，向 D 方向做左手刀中部侧打。

向左转，两手反拉，向 D 方向做右脚中部侧踢刺。

右脚落到 D，朝 D 方向取右弓步站立，用左拳进行高处半月刺。

收回左脚，朝 D 方向取分腿立，用右拳进行中部转刺。这个动作是缓慢动作。

右脚移向 D，朝 D 方向取右弓步站立，用手刀进行中部分挡。

朝 D 方向保持右弓步站立，向 BD 方向做左手刀背转挡。

右脚收回，朝 D 方向取右后腿立，用交错手掌下挡。

右脚伸向 D，朝 D 方向取右 L 步站立，向 D 方向做左中段冲拳。

朝 D 方向保持右 L 步站立，后滑移向 C，向 D 方向做右手刀背低处向里挡。

左脚移向 D，朝 D 方向取左弓步站立，向 D 方向做手刀中部分挡。

朝 D 方向保持左弓步站立，向 AD 方向做右手刀背转挡。

左脚收回，朝 D 方向取左后腿立，用交错手掌下挡。

左脚伸向 D，朝 D 方向取左 L 步站立，向 D 方向做右中段冲拳。

朝 D 方向保持左 L 步站立，后滑移向 C，向 D 方向做左手刀背低处向里挡。

向 BD 方向做右脚高处反转踢。

右脚落到 D，朝 D 方向取右后腿立，向 D 方向做右外前臂中部戒备挡。

向 AD 方向做左脚高处反转踢。

左脚落到 D，朝 D 方向取左后腿立，向 D 方向做左外前臂中部戒备挡。

左脚一移到右脚侧后，立即把右脚移向 C，朝 D 方向取左 L 步站立，向 D 方向取左手刀低处向外挡。

右脚伸向 C，朝 D 方向取左弓步站立，向 D 方向做右中段冲拳。

左脚移向 C，朝 D 方向取右 L 步站立，向 D 方向做右手刀低处向外挡。

右脚不动，朝 D 方向取右弓步站立，向 D 方向做左中段冲拳。

朝 D 方向保持右弓步站立，向 D 方向做右上段冲拳。

（停止）：移动右脚还原成预备姿势。

传统跆拳道 系统入门手册
TAEKWONDO

第二节　忠壮套路——二段学习内容

中文名称：忠壮。朝鲜语发音：Choong-Jang。动作数量：52。二段：黑带 II。名称含义：14 世纪抗日英雄金德龄将军的雅号。演武线为：【　】。

脚尖并拢预备立（如图）。

右脚移向 A，朝 D 方向取马步站立，向 D 方向做右内前臂侧前挡，同时左臂伸向侧下。

朝 D 方向保持马步站立，向 D 方向做左内前臂侧前挡，右前臂伸向侧下。

右脚移到左脚，朝 D 方向取脚尖并拢立，用左拳进行┐字刺。这个动作是缓慢动作。

左脚移到 D，朝 D 方向取左弓步站立，向 D 方向做右两手指高处戳。

右脚移向 D，朝 D 方向取右弓步站立，向 D 方向做左两手指高处戳。

朝 D 方向保持右弓步站立，向 D 方向做右拳背高处正打。

左脚移向 D，朝 D 方向取左弓步站立，向 D 方向做左前臂举挡。

右脚移向 D，朝 D 方向取右弓步站立，向 D 方向做右中段冲拳。

向左转，右脚一移到 C，立即滑向 C，朝 D 方向取左 L 步站立，向 D 方向做左外前臂中部戒备挡。

两手不动，向 D 方向做右脚前踢破。

右脚落到 D，朝 D 方向取右低姿立，向 D 方向做右扣手尖高处戳。

用左膝和两手支撑身体，向 D 方向做右脚高处转踢。

右脚落到 D 的同时，左手掌按地，向 D 方向做右高处冲拳。

向右转，左脚移向 D，朝 C 方向取右 L 步站立，向 D 方向做左侧肘戳。

向右转，左脚移向 C，朝 D 方向取右 L 步站立，向 D 方向做右外前臂中部戒备挡。

右脚移向 C，朝 D 方向取左 L 步站立，向 D 方向做左手掌上提挡。

左脚移向 C，朝 D 方向取右 L 步站立，向 D 方向做右手刀向外打。

右脚不动，朝 C 方向取左弓步站立，向 C 方向做交叉拳压挡。

把两手朝反方向拉，同时向 C 方向做右膝顶。

右脚落到 C，朝 D 方向取左 L 步站立，向 D 方向做左手刀中部戒备挡。

右脚滑向 D，朝 C 方向取左 L 步站立，向 D 方向做右侧肘戳。

左脚不动，朝 D 方向取右 L 步站立，向 D 方向做右手刀中部戒备挡。

两手朝反方向拉，同时向 D 方向做右脚中部侧踢刺。

右脚落到 D 的同时，右脚不动，朝 C 方向取左后腿立，向 C 方向做双手掌压挡。

右脚移向 C，朝 C 方向取右弓步站立，向 C 方向做右外前臂高处前挡。

朝 C 方向保持右弓步站立，向 C 方向做右拳背高处侧打。

右脚不动，朝 D 方向取左 L 步站立，向 D 方向做左扣手尖高处戳。

右手掌移向左手背，向 D 方向做右脚前踢破。

右脚落到 D，朝 C 方向取左弓步站立，把左拳侧放到右拳，向 D 方向做右后肘戳。这个动作是缓慢动作。

右脚不动，朝 C 方向取左 L 步站立，向 C 方向做左手背下打。要用跺脚的动作练习。

朝 C 方向保持左 L 步站立，用右拳刺左手掌。

右脚蹬地移向 C，朝 C 方向取右 L 步站立，用右手背下打。

朝 C 方向保持右 L 步站立，用左拳刺右手掌。

右脚不动，朝 D 方向取左 L 步站立，向 D 方向做左手刀中部向外打。

伸出左脚，朝 D 方向取左弓步站立，向 D 方向做右拳背高处侧前打。同时用右肘打左手掌。

右脚移向 D，朝 D 方向取右 L 步站立，向 D 方向做右手刀中部向外打。

伸出右脚，朝 D 方向取右弓步站立，向 D 方向做左拳背高处侧前打，同时左肘打右手掌。

右脚不动，朝C方向取左L步站立，向C方向做左手刀背低处戒备挡。

伸出左脚，朝C方向取左弓步站立，进行右9字挡。

右脚移向C，朝C方向取右L步站立，向C方向做右手刀背低处戒备挡。

伸出右脚，朝C方向取右弓步站立，进行左9字型挡。

右脚伸向D，朝C方向取左弓步站立，用双手刀水平打。

朝C方向保持左弓步站立，向C方向做右半月手高处打。

传统跆拳道系统入门手册
TAEKWONDO

45

两手不动，向C方向做右脚中部前踢破。

46

右脚落到C，朝C方向取右弓步站立，向C方向做左半月手高处打。

向左转，左脚移到 B，朝 B 方向取左弓步站立，向 B 方向做左手刀低处下格挡。

朝 B 保持左弓步站立，向 B 方向做右展拳高处刺。

左脚移到 AB 线上，朝 A 方向取右弓步站立，向 A 方向做右手刀低处下格挡。

朝 A 方向保持右弓步站立，向 A 方向做左展拳高处刺。

（停止）：移动左脚还原成预备姿势。

第三节　主体套路——二段学习内容

中文名称：主体。朝鲜语发音：Ju-Che。动作数量：45。二段：黑带Ⅱ。名称含义：象征朝鲜政府所提出之主体思想。演武线为：【　┘　】。

双前臂侧分腿立（如图）。

左脚移向 B，朝 D 方向取马步站立，用内前臂并挡。

朝 D 方向立身，向 D 方向做右手掌中部按挡。

朝 D 方向取马步站立，向 D 方向做左中段冲拳。

右脚刀背提到右膝关节，朝 D 方向取左单脚立，用外前臂并挡。

两手不动，向 A 方向做右脚中部侧踢刺。这个动作是缓慢动作。

紧接着朝 B 方向做高处反转钩踢。这个动作是缓慢动作。

用跳的动作右脚落到 B，朝 F 方向取右交叉立，向 B 方向做右拳背向下打。

朝 F 方向做左脚中部按钩踢。

紧接着把两拳拉向胸前，同时进行高处侧踢刺。

左脚蹬地移到 F，朝 B 方向取马步站立，向 F 方向做左扣手尖高处向外划。

朝 BF 方向取左弓步站立，用左手掌推右拳侧，朝 BF 方向进行高肘打。

左脚移向右脚，朝 B 方向取右交叉立，向 B 方向做左手刀背低处前挡，同时右手指腹放到左前臂上。

右脚移向 A，朝 A 方向取右 L 步站立，向 A 方向做右手刀中部戒备挡。

向左跳转，同时向 A 方向做左手刀向外打，紧接着落到 A，朝 A 方向取左 L 步站立，胳膊向外屈。

右脚移向 A，朝 D 方向取马步站立，用内前臂并挡。

朝D方向立身，同时向D方向做左手掌中部按挡。

朝D方向取马步站立，向D方向做右中段冲拳。

把左脚刀背提到右膝关节，朝D方向取右单腿立，用外前臂并挡。

两手不动，向B方向做左脚中部侧踢刺。这个动作是缓慢动作。

紧接着朝A方向进行高处反转钩踢。这个动作是缓慢动作。

用跳的动作，左脚落到A，朝E方向取左交叉立，向A方向做左拳背向下打。

向E方向做右脚中部按踢。

紧接着把两拳拉向胸前，同时进行高处侧踢刺。

右脚蹬地落到E, 朝A方向取马步站立，向E方向做右扣手尖高处向外划。

朝AE方向取右弓步站立，用右手掌推左拳侧，向AE方向做左高肘打。

右脚移向左脚，朝A方向取左交叉立，向A方向做右手刀背低处前挡，这时左手指腹放到右前臂前。

左脚移向B，朝B方向取左L步站立，向B方向做左手刀中部戒备挡。

向右跳转，向 B 方向做右手刀向外打，落到 B，朝 B 方向取右 L 步站立，这时右胳膊向外屈。

向 B 方向做左脚镐式踢。

紧接着落到 B，朝 B 方向取左后腿立，向 B 方向做左前臂中部戒备挡。

右脚移向左脚，朝 D 方向做天手脚尖并拢立。这个动作是缓慢动作。

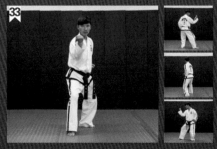

滑向 C，朝 B 方向取右后腿立，用右立肘下戳。

伸出右脚，朝 D 方向取右弓步站立，向 D 方向做左半月手高处半月打。

滑向 C，朝 D 方向取左后腿立，用左立肘下戳。

伸出左脚，朝 D 方向取左弓步站立，向 D 方向做右半月手高处半月打。

左脚移到 C，朝 D 方向取右弓步站立，向 D 方向做双手刀高处向里打。

右脚移向 C，朝 D 方向取左弓步站立，用右拳下刺。

左脚移到右脚侧后，紧接着滑到 C，朝 D 方向取左 L 步站立，向 D 方向做左外前臂下挡。

向 D 方向做右脚跳反转踢。

紧接着落到 C，朝 D 方向取右 L 步站立，向 D 方向做右外前臂中部戒备挡。

右脚移到左脚侧后，立即滑向 C，朝 D 方向取右 L 步站立，向 D 方向做右外前臂下挡。

向 D 方向做左脚跳反转踢。

立即落到 C，朝 D 方向取左 L 步站立，向 D 方向做左外前臂中部戒备挡。

右脚移向 D，左脚一移到 D，立即朝 D 方向跳起做侧扭踢。

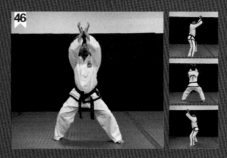

落到 D，朝 D 方向取左斜线立，用双手掌举挡。

滑向 D，朝 D 方向取左后腿立，向 D 方向做右肘侧戳。

目视 D 方向，朝 C 方向取右屈膝预备立 B。

向 D 方向做左脚后踢刺。这个动作是缓慢动作。

左脚蹬地落到 D，朝 D 方向取左 L 步站立，向 D 方向做左拳背水平打。

收回右脚，朝 D 方向取分腿立，向 D 方向做右扣手尖高处向里划。

向 D 方向做跳起右拳刺。

紧接着做反刺，落到 D，伸展右拳朝 D 方向取脚尖并拢立，这时两拳保持反刺状。

右脚移向 D，朝 D 方向取右弓步站立，向 D 方向做左手刀前下打。

左脚移向 D，朝 D 方向取左弓步站立，向 D 方向做右中段冲拳。
(停止)：移动右脚还原成预备姿势。

第九章

黑带二段套路

本章主要介绍黑带三段需要学习的套
路内容，包含：三一套路、庾信套路、崔
莹套路。总动作数 147 个。

第一节　三一套路——三段学习内容

中文名称：三一。朝鲜语发音：Sam-Ⅱ。动作数量：33。三段：黑带Ⅲ。名称含义：1919年3月1日的"三一独立运动"。演武线为：【十】。

脚尖并拢预备立（如图）。

滑向D，朝D方向取左L步站立，向D方向做左外前臂中部戒备挡。

右脚移向D，朝D方向取右弓步站立，向D方向做右两前臂高处挡。

左脚移向D，朝D方向取左弓步站立，向D方向做右手刀高处侧挡，同时左手掌移到右前臂背。

两手不动，向A方向做右脚中部扭踢。

右脚落到D，朝D方向取右弓步站立，向D方向取右中段冲拳。

右脚移到CD线上，朝B方向取马步站立，用手刀背进行中部分挡。

右脚不动，朝C方向取左弓步站立，向C方向做右扣手尖低处戳。

左脚拉回朝C方向取左L步站立，向D方向做右外前臂高处向外挡，同时左前臂朝C方向低处挡。

右脚移向C，朝A方向取马步站立，用手刀背进行中部分挡。

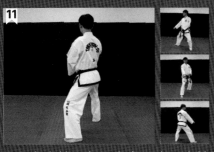

右脚拉回朝 C 方向取右 L 步站立，向 C 方向做右两拳低处刺。

左脚移向 C，朝 C 方向取左弓步站立，向 BC 方向做两半月手高处挡，这时从两手间隙向前看。

右脚移向 C，朝 C 方向取右弓步站立，向 C 方向做左中段冲拳。

右脚移到 CD 线上，朝 D 方向取左 L 步站立，向 D 方向做左两拳低处刺。

左脚移向 B，朝 B 方向取左 L 步站立，向 B 方向做左手刀背高处戒备挡。

伸出左脚，朝 B 方向取左固定立，向 B 方向进行匸字型挡。

向 B 方向做右脚掌扫踢。

立即落到 B，朝 B 方向取右固定立，向 B 方向做 ⊏ 字型挡。

跳起腾空从左转一圈，落到原地朝 B 方向取右 L 步站立，向 B 方向做右手刀中部戒备挡。

向 B 方向做右脚中部侧踢刺。

右脚落到左脚的同时，左脚立即移到 A，朝 A 方向取左弓步站立，用右前肘打左手掌。

向左转，右脚移向 A，朝 D 方向取左斜线立，用左后肘朝 C 方向戳。这时把右手掌移到左拳，目视 C 方向。

朝 A 方向取右弓步站立，用交叉拳压挡。

左脚蹬地移到 A，朝 C 方向取马步站立，用外前臂进行山字型挡。

朝 A 方向做左脚中部侧踢刺。

左脚落到 A，朝 B 方向取右 L 步站立，向 B 方向做右手刀低处戒备挡。

左脚移到B，朝B方向取左后腿立，向B方向做左手掌上提挡。

右脚移到B，朝B方向取右后腿立，向B方向做双手掌压挡。

左脚蹬地移到C，朝C方向取左弓步站立，向C方向做双拳翻刺。

右脚移向C，朝C方向取右L步站立，向C方向做右外前臂低处下格挡，同时把左拳拉到左腋。

朝 C 方向保持右 L 步站立，向 C 方向做左中段冲拳，同时把右拳移到左肩。

右脚不动，朝 D 方向取左弓步站立，用右前臂进行中部前挡。

朝 D 方向保持左弓步站立，向 D 方向做左上段冲拳。第 32、33 动作是连续动作。

两手不动，向 D 方向做左脚前踢破。

左脚落到 D 的同时，立即蹬地将右脚移向 D，朝 D 方向取右脚弓步站立，向 D 方向做双拳高处立刺。（停止）：移动左脚还原成预备姿势。

第二节　庾信套路——三段学习内容

中文名称：庾信。朝鲜语发音：Yoo-Sin。动作数量：68。三段：黑带 III。名称含义：统一高句丽、百济及新罗之名将金庾信。演武线为：【

武士预备立（如图）。

左脚移向 B，朝 D 方向取马步站立，两肘上提成水平线。

朝 D 方向保持马步站立，滑向 A，向 C 方向做左拳┐字型刺。

朝 D 方向保持马步站立，滑向 B，向 C 方向做右拳┐字型刺。第3、4 动作是快速动作。

朝 D 方向立身，向 D 方向做右手掌中部按挡。

朝 D 方向取马步站立，向 D 方向做左中段冲拳。

朝 D 方向立身，向 D 方向做左手掌中部按挡。

朝 D 方向取马步站立，向 D 方向做右中段冲拳。

左脚移到 BD，朝 BD 方向取左弓步站立，向 BD 方向做左外前臂高处侧挡。

朝 BD 方向取左弓步站立，向 AD 方向做右内前臂转挡。

朝 AD 方向取马步站立，用左手掌提挡。

朝 AD 方向保持马步站立，向 AD 方向做右中段冲拳。第 11、12 动作是连接动作。

左脚移到右脚旁，立即把右脚移向 AD，朝 AD 方向取右弓步站立，向 AD 方向做右外前臂高处侧挡。

朝 AD 方向保持右弓步站立，向 BD 方向做左内前臂转挡。

朝 BD 方向取马步站立，用右手掌提挡。

朝 BD 方向保持马步站立，向 BD 方向做左中段冲拳。第 15、16 动作是连续动作。

朝 BC 方向取左弓步站立，向 B 方向做右手掌高处按挡。

朝 BD 方向取马步站立，向 BD 方向做左中段冲拳。

朝 BD 方向取右弓步站立，向 BD 方向做左手掌高处按挡。

朝 BD 方向取马步站立，向 BD 方向做右中段冲拳。第 17、18、19、20 动作是连续动作。

右脚移向 C，朝 D 方向取左弓步站立，用交叉拳压挡。

朝 D 方向保持左弓步站立，用交叉手刀举挡。第 21、22 动作是连续动作。

朝 D 方向保持左弓步站立，把左手掌提到右肘关节处，同时向 D 方向做右中段冲拳。

两手不动，向 D 方向做右脚前踢破。

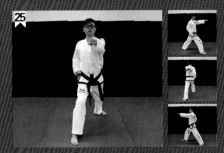

右脚落到 D，朝 D 方向取右弓步站立，向 D 方向做左中段冲拳。

朝 D 方向保持右弓步站立，用交叉拳压挡。

朝 D 方向保持右弓步站立，用交叉手刀举挡。第 26、27 动作是连续动作。

朝 D 方向保持右弓步站立，把右手掌提到左肘关节，同时向 D 方向做左中段冲拳。

两手不动，向 D 方向做左脚低处前踢破。

左脚落到 D，朝 D 方向取左弓步站立，向 D 方向做右中段冲拳。

右脚移向 D，朝 D 方向取右 L 步站立，向 D 方向做右手刀中部戒备挡。

左脚移向 D，朝 D 方向取左 L 步站立，向 D 方向做左手刀中部戒备挡。

左脚移向 C，朝 D 方向取右 L 步站立，向 D 方向做右手刀中部戒备挡。

右脚移向 C，朝 D 方向取左 L 步站立，朝 D 方向做左手刀中部戒备挡。

右脚移向 D，朝 D 方向取右弓步站立，向 D 方向做右两前臂高处正挡。

朝 D 方向保持右弓步站立，右前臂不动，向 D 方向做左前臂低处挡。第 35、36 动作是快速动作。

左脚移向D，朝D方向取左弓步站立，向D方向做左两前臂高处正挡。

朝D方向保持左弓步站立，左前臂不动，向D方向做右前臂低处挡。第37、38动作是快速动作。

右脚移向D，朝D方向取右弓步站立，向D方向做右中段冲拳。

左脚移到CD线上，以左脚为轴向左转，朝C方向取左L步站立，向C方向做左手刀背高处挡。

右脚移到左脚，朝 C 方向取脚尖并拢立 C。

右脚蹬地移到 CF，朝 CF 方向取右弓步站立，向 CF 方向做双拳翻刺。

右脚移到左脚的同时，左脚蹬地移到 CE，朝 CE 方向取左弓步站立，向 CE 方向做双拳翻刺。

左脚一移到右脚旁，右脚移到 F，朝 F 方向取右 L 步站立，向 F 方向做右内前臂中格挡。

朝 F 方向保持右 L 步站立，向 F 方向做左中段冲拳。

左脚移到右脚旁，朝 C 方向取脚尖并拢立，用右拳进行┐字型刺。这个动作是缓慢动作。

左脚移到E，朝E方向取左L步站立，向E方向做左内前臂中格挡。

朝E方向保持左L步站立，向E方向做右中段冲拳。

右脚移到左脚，朝C方向取脚尖并拢立，用左拳进行﹁字型刺。这是缓慢动作。

左脚移向E，朝E方向取左固定立，向E方向进行匚字型刺。

左脚移到右脚旁，右脚立即移到E，朝E方向取右固定立，向E方向做匚字型刺。

右脚蹬地移到CD线上，朝E方向马步站立，向E方向做右拳背前打。

两手不动，向 D 方向做右脚对踢，立即朝 E 方向马步站立，向 AC 方向做右外前臂高处向外挡。

两手不动，向 C 方向做左脚对踢，立即朝 E 方向取马步站立，向 ED 方向做右外前臂高处前挡。

朝 E 方向保持马步站立，向 C 方向做右手背水平打。

用左脚朝右手掌进行中部半月踢。

朝 C 方向做左脚中部侧踢刺。第 56、57 动作是顺次踢。

左脚落到 C，朝 B 方向取马步站立，向 C 方向做左手背水平打。

用右脚朝左手掌进行中部半
月踢。

向C方向做右脚中部侧踢刺。
第59、60动作是顺次踢。

右脚落到C的同时，朝A方向
取马步站立，进行右9字型挡。

朝A方向保持马步站立，调换
两手位置。

向右转左脚移到C，朝B方向
取马步站立，进行右9字型挡。

朝B方向保持马步站立，调换
两手位置。

收回左脚，朝 D 方向取左垂直立，向 D 方向做右拳侧向下打。

右脚移向 A，朝 B 方向取左弓步站立，向 B 方向做双拳高垂直刺。

右脚移向 B，向左转，朝 A 方向取左弓步站立，向 A 方向做双拳高垂直刺。

右脚一移到左脚，立即把左脚移到 BD，朝 BD 方向取左 L 步站立，向 BD 方向做左手刀中部戒备挡。

左脚一移到右脚，立即把右脚移到 AD，朝 AD 方向取右 L 步站立，向 AD 方向做右手刀中部戒备挡。

（停止）：右脚向后移还原成预备姿势。

第三节　崔莹套路——三段学习内容

中文名称：崔莹。朝鲜语发音：Choi-Yong。动作数量：46。三段：黑带 III。名称含义：高丽王朝的重臣及著名将军崔莹的名字。演武线为：【 ┼ 】。

脚尖并拢预备立（如图）。

左脚移向 D，朝 D 方向取左后腿立，向 D 方向做左外前臂中部戒备挡。

朝 D 方向保持左后腿立，向 D 方向做左中指拳高处刺。

左脚移到 CD 线上，朝 C 方向取右后腿立，向 C 方向做右前臂中部戒备挡。

朝 C 方向保持右后腿立，向 C 方向做右中指拳高处刺。

右脚移到 CD 线上，朝 D 方向取左弓步站立，向 D 方向做左手刀举挡。

朝 D 反向保持左弓步站立，向 AD 方向做右内前臂转挡。

朝 D 方向保持左弓步站立，朝 D 方向做左中段冲拳。

左脚移到 CD 线上，朝 C 方向取右弓步站立，向 C 方向做右手刀举挡。

朝 C 方向保持右弓步站立，向 AC 方向做左内前臂转挡。

朝 C 方向保持右弓步站立，向 C 方向做右中段冲拳。

右脚移到 CD 线上，朝 D 方向取左 L 步站立，向 D 方向做左手刀低处戒备挡。

向AD方向做右脚中部转踢。

右脚立即落到左脚侧前，向D方向做左脚高处反转钩踢。

两手反拉，同时向D方向做中部侧踢刺。第14、15动作是顺次踢。

左脚落到D，朝D方向取左弓步站立，用右前肘打左手掌。

左脚移到 CD 线上，朝 C 方向取右 L 步站立，向 C 方向做右手刀低处戒备挡。

向 AC 方向做左脚中部转踢。

立即落到右脚侧前，朝 C 方向做右脚高处反转钩踢。

两手反拉，向 C 方向做右脚中部侧踢刺。第 19、20 动作是顺次踢。

右脚落到 C，朝 C 方向取右弓步站立，用左前肘打右手掌。

左脚移向 C，朝 C 方向取左弓步站立，用右手掌压挡。

右脚移向 C，朝 C 方向取右弓步站立，用左手掌压挡。

右脚移到 D 的同时，立即向左转，把左脚移 D，朝 D 方向取左弓步站立，进行手刀山字挡。

两手不动，向 D 方向做右脚中部前踢破。

右脚落到 C，朝 D 方向取左 L 步站立，向 D 方向做左外前臂中部戒备挡。

右脚移向 D，朝 D 方向取右弓步站立，用手刀进行山字挡。

两手不动，向 D 方向做左脚中部前踢破。

左脚落到 D，朝 C 方向取右 L 步站立，向 C 方向做右外前臂中部戒备挡。

左脚移向 C 的同时，右脚一移到 C，立即向右转，滑行朝 D 方向取右 L 步站立，向 D 方向做右外前臂中部戒备挡。

左脚移向 D，朝 D 方向取左弓步站立，向 D 方向做左扣手尖高处戳。

左脚移到 CD 线上，朝 C 方向取右弓步站立，向 C 方向做右扣手尖高处戳。

向右转，右脚移到 D，朝 B 方向取分腿立，向 B 方向做右手掌中部按挡。

朝 B 方向保持分腿立，向 B 方向做左中段冲拳。

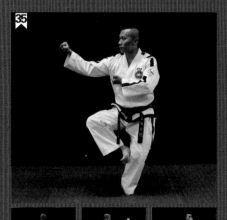

朝 A 方向取左屈膝预备立 A，目视 A 方向。

向 A 方向做右脚中部侧踢刺。

用跳的动作把右脚落到 A，朝 AD 方向取右交叉立，向 A 方向做右拳背高处侧打。这时把左手指腹移到右拳侧。

向 B 方向做右脚高处反转钩踢。

右脚蹬地落到 B，朝 B 方向取右 L 步站立，向 B 方向做右手刀中部向外打。

向左转，左脚移向 D，朝 A 方向取分腿立，向 A 方向做左手掌中部按挡。

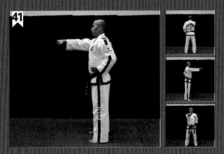

朝 A 方向保持分腿立，向 A 方向做右中段冲拳。

朝 B 方向取右屈膝预备立，目视 B 方向。

向 B 方向做左脚中部侧踢刺。

用跳的动作把左脚落到 B，朝 BD 方向取左交叉立，向 B 方向做左拳背高处侧打。这时把右手指腹移到左拳侧。

向 A 方向做左脚高处反转钩踢。

左脚蹬地落到 A，朝 A 方向取左 L 步站立，向 A 方向做左手刀中部向外打。

滑向 A，朝 A 方向取右固定立，向 A 方向做右中段冲拳。

（停止）：移动右脚还原成预备姿势。

第十章

黑带四段套路

本章主要介绍黑带四段需要学习的套路内容，包含：渊盖套路、乙支套路、文武套路，总动作数 152 个。

第一节　渊盖套路——四段学习内容

中文名称：渊盖。朝鲜语发音：Yon-Gae。动作数量：49。四段：黑带IV。名称含义：高句丽勇猛将军渊盖苏文的名字。演武线为：【━━】。

武士预备立（如图）。

滑向C，朝D方向取左L步站立，用手刀背画着圆，向D方向做低处戒备挡。

左脚不动，朝D方向取左弓步站立，向D方向做右长拳高处刺。这是缓慢动作。

滑向C，朝D方向取右L步站立，向D方向做右外前臂中部戒备挡。

跳向D，向D方向做右手刀中部向外打，右手刀朝D方向伸着落到D，朝D方向取右L步站立。

朝D方向保持右L步站立，滑步移向C，向D方向做交叉拳停挡。

伸出右脚，朝 D 方向取右弓步站立，向 D 方向做右扣手尖高处向外画。

收回右脚朝 D 方向取右后腿立，用右立肘下戳。

跳向 D，朝 AD 方向取左交叉立，向 D 方向做左拳背高处侧打。

右脚移向 C，朝 D 方向取左弓步站立，向 D 方向做右手刀低处向外挡。

右脚移到 AB 线上，朝 D 方向取分腿立，向 D 方向做左手掌中部按挡。

朝 D 方向保持分腿立，向 D 方向做右中段冲拳。

滑向 C，朝 D 方向取右 L 步站立，画着圆向 D 方向做手刀背低处戒备挡。

右脚不动，朝 D 方向取右弓步站立，向 D 方向做左长拳高处刺。这个动作是缓慢动作。

滑向 C，朝 D 方向取左 L 步站立，向 D 方向做左外前臂中部戒备挡。

跳向 D，向 D 方向做左手刀中部向外打，左手刀朝 D 方向伸着落到 D，朝 D 方向取左 L 步站立。

朝 D 方向保持做左 L 步站立，滑步移向 C，向 D 方向做交叉拳停挡。

伸出左脚，朝 D 方向取左弓步站立，向 D 方向做左扣手尖高处向外划。

收回左脚，朝 D 方向取左后腿立，用左立肘下戳。

跳向 D，朝 BD 方向取右交叉立，向 D 方向做右拳背高处侧打。

左脚移向 C，朝 D 方向取右弓步站，向 D 方向做左手刀低处向外挡。

左脚移到 AB 线上，朝 D 方向取分腿立，向 D 方向做右手掌中部按挡。

朝 D 方向保持分腿立，向 D 方向做左中段冲拳。

右脚移向 A，朝 D 方向取马步站立，用手刀背进行山字型挡。

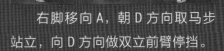

左脚移向右脚，朝 D 方向取左交叉立，用双肘水平戳。

右脚移向 A，朝 D 方向取马步站立，向 D 方向做双立前臂停挡。

左脚移向右脚，朝 D 方向取左交叉立，用右拳上刺，把左拳侧拉到右肩前。

向 B 方向做右脚高处反转钩踢。

右脚落到 B，立即向右转，把两拳拉向胸前，向 B 方向做左脚高处侧踢刺。

用跳的动作左脚落到 B，朝 D 方向取左交叉立，向 B 方向做左拳背向下打。

左脚移向 B，朝 D 方向取马步站立，用手刀背进行山字挡。

右脚移向左脚朝 D 方向取右交叉立，用双肘水平戳。

左脚移向 B，朝 D 方向取马步站立，用双立前臂进行停挡。

右脚移向左脚，朝 D 方向取右交叉立，用左拳上刺，同时把右拳侧拉到左肩前。

向 A 方向做左脚高处反转钩踢。

左脚落到 A，立即向左转，把两拳拉向胸前，同时向 A 方向做右脚高处侧踢刺。

用跳的动作右脚落到 A，朝 AD 方向取右交叉立，向 A 方向做右拳背向下打。

左脚移向 C，朝 D 方向取右 L 步站立，向 D 方向做右内前臂中部戒备挡。

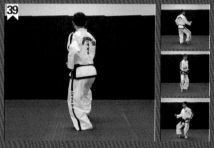

向左转，左脚移向 D，朝 C 方向取右后腿立，向 C 方向做右内前臂腰挡。

右脚略移向 C，左脚立即蹬地移向 D，朝 D 方向取左 L 步站立，向 D 方向做左手刀高处向外打。

朝 D 方向保持左 L 步站立，碎步移向 C，向 D 方向做左外前臂中部戒备挡。

向右转，右脚移向 D，朝 C 方向取左后腿立，向 C 方向做左内前臂腰挡。

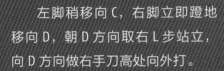

左脚稍移向C，右脚立即蹬地移向D，朝D方向取右L步站立，向D方向做右手刀高处向外打。

向左转，右脚移向C，朝D方向取左L步站立，向D方向做左外前臂中部戒备挡。

向右转，向D方向做右脚跳转身侧踢。

落到D，朝D方向取右L步站立，向D方向做右手刀中部戒备挡。

向左转，向 D 方向做左脚跳转身侧踢。

落到 D，朝 D 方向取左 L 步站立，向 D 方向做左手刀中部戒备挡。

左脚不动，朝 D 方向取左弓步站立，向 D 方向做右手刀背低处向里挡。

滑向 C，朝 D 方向取右 L 步站立，向 C 方向做左侧肘戳。

右脚不动，朝 D 方向取右弓步站立，向 D 方向做左手刀背低处向里挡，把右拳侧拉到左肩前。

滑向 C，朝 D 方向取左 L 步站立，向 C 方向做右侧肘戳。

第二节 乙支套路——四段学习内容

中文名称：乙支。朝鲜语发音：Ul-Ji。动作数量：42。四段：黑带
IV。名称含义：高句丽著名将军乙支文德的名字。演武线为：【 ⌐ 】。

交叉手臂分腿立（如图）

左脚移向 C，朝 D 方向取右弓
步站立，用双拳侧水平打。

右脚移向 C，朝 D 方向取左弓
步站立，用交叉拳压挡。

朝 D 方向保持左弓步站立，用
交叉手刀举挡。第 3、4 动作是连
续动作。

朝 D 方向保持左弓步站立，向
D 方向做右手刀高处前打，把左手
移到右肘关节。

左脚移向 C，朝 B 方向取马步
站立，向 C 方向做左手背水平打。

用右脚朝左手掌进行中部半月踢。

右脚落到 C, 朝 A 方向取马步站立, 用右前肘打左手掌。

朝 A 方向保持马步站立, 向 B 方向做左后肘戳, 把右拳侧放到左拳上。

朝 A 方向保持马步站立, 向 B 方向做右拳背侧后打, 左臂伸向侧下。

左脚移向右脚朝 D 方向取脚尖并拢立，做双侧肘。

两手不动，左脚移向与右脚朝 D 方向取左交叉立，目视 A 方向，向 A 方向做右脚中部侧踢刺。

右脚落到 A 的同时，左脚立即移向右脚朝 D 方向取右交叉立，用双肘水平戳。

右脚移向 A，朝 D 方向取马步站立，向 A 方向水平刺。

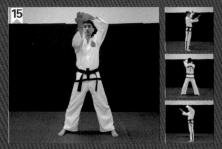

朝 D 方向立身，向 D 方向做右手刀高处前打，把左手背移向额前。

右脚不动，朝 B 方向取左 L 步站立，向 B 方向做双手刀挡。

向右转，朝 B 方向做右脚跳转身侧踢。

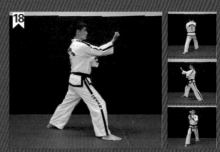

落到 B 朝 B 方向取右弓步站立，向 B 方向做右两前臂中部正挡。

左脚移向右脚朝 D 方向取脚尖并拢立 B。

跳向 D，朝 BD 方向取右交叉立，向 D 方向做右拳背高处侧打。这时把左手指腹移到右拳侧。

左脚移向 C，朝 D 方向取右弓步站立，用左前臂举挡。

两手不动，向 D 方向做左脚中部前踢破。

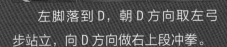

左脚落到 D, 朝 D 方向取左弓步站立, 向 D 方向做右上段冲拳。

右脚移向 D, 朝 D 方向取右弓步站立, 向 D 方向做右立手尖中部戳。

向左转, 左脚移到 D, 朝 A 方向取马步站立, 向 D 方向做左拳背高处侧打。

向左转, 右脚移到 F, 朝 F 方向取右走姿预备立。

向 F 方向做右脚跳起前上踢。

右脚落到 F，朝 F 方向取右固定立，向 F 方向做交叉手刀停挡。

左脚移向 F，朝 F 方向取左 L步站立，用交叉拳压挡。

向 F 方向做左脚前踢破，用内前臂进行中部分挡。

左脚移向 F，朝 F 方向取左弓步站立，向 F 方向做双拳高处刺。

右脚移向 F，朝 F 方向取右固定立，用左手掌进行中部推挡，用右手刀进行中部向外挡。

左脚滑向 F，朝 F 方向取左 L 步站立，向 F 方向做左中段冲拳。

左脚移向右脚侧后，右脚移向 E，朝 F 方向保持左 L 步站立，跳向 E，朝 F 方向取左 L 步站立，向 F 方向做左外前臂中部戒备挡。

向 DF 方向做右脚中部转踢。

右脚落到 F，立即向 F 方向做左脚中部后踢刺。

左脚落到 F，朝 F 方向取左 L
步站立，向 F 方向做左外前臂中部
戒备挡。

左脚移向 E，朝 F 方向取右 L 步
站立，向 F 方向做右手掌上挡。

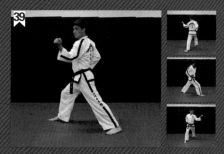

右脚移向 E，朝 D 方向取右
弓步站立，向 ED 方向做左内前
臂转挡。

朝 DF 方向取左弓步站立，向
DE 方向做右内前臂转挡。

右脚移到 EF 线上，朝 D 方向
取马步站立，向 D 方向做左中段
冲拳。

朝 D 方向保持马步站立，向 D
方向做右中段冲拳。

（停止）：移动左脚还原成预备姿势。

第三节　文武套路——四段学习内容

中文名称：文武。朝鲜语发音：Moon-Moo。动作数量：61。四段：黑带
Ⅳ。名称含义：统一高句丽、百济及新罗之文武王。演武线为：【十】。

分腿预备立（如图）。

目视 B 方向，朝 B 方向取右屈膝预备立 A。这个动作是缓慢动作。

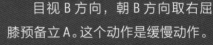

左脚朝 B 方向做高处侧踢刺，收左脚再进行高处侧踢刺。这是二重踢。

左脚落到 B，朝 D 方向取马步站立，向 D 方向做右扣手尖中部戳。

朝 A 方向做右脚侧踢举。

朝 B 方向做右脚高处反转钩踢。第 5、6 动作是缓慢动作。

用跳的动作将右脚落到 B，朝 C 方向取右交叉站立，向 B 方向做右手刀中部侧打。

左脚移向 A，朝 A 方向取左弓步站立，用右手掌压挡。

右脚移向 A，朝 A 方向取右弓步站立，用左手掌压挡。

把左脚刀背提到右膝关节，朝 D 方向取右单脚立，用左手刀朝 B 方向进行高处侧挡，用右手刀朝 A 方向进行低处侧挡。这个动作是缓慢动作。

左脚落到右脚，立即目视 A 方向，朝 A 方向取左屈膝预备立。这个动作是缓慢动作。

向 A 方向做右脚高处侧踢刺，收右脚再进行侧踢刺。这个动作是二重踢。

右脚落到 A，朝 D 方向取马步站立，向 D 方向做左扣手尖中部戳。

向 B 方向做左脚侧踢举。

向 A 方向做左脚高处反转钩踢。第 14、15 动作是缓慢动作。

用跳的动作左脚落到 A，朝 C 方向取左交叉立，向 A 方向做左手刀中部侧打。

右脚移向 B，朝 B 方向取右弓步站立，用左手掌压挡。

左脚移向 B，朝 B 方向取左弓步站立，用右手掌压挡。

右脚刀提到左膝关节，朝 D 方向取左单脚立，用右手刀朝 A 方向进行高处侧挡，用左手刀朝 B 方向进行低处侧挡。这个动作是缓慢动作。

朝 D 方向取左屈膝预备立 B，目视 C 方向。

向 C 方向做右脚高处后踢刺。这个动作是缓慢动作。

右脚落到 C，朝 D 方向取左弓步站立，向 D 方向做右中段冲拳。

朝 D 方向取右屈膝预备立，目视 C 方向。

向 C 方向做左脚高处后踢刺。这个动作是缓慢动作。

左脚落到 C，朝 D 方向取右弓步站立，向 D 方向做左中段冲拳。

右脚滑向 C，朝 D 方向取左后腿立，用左手掌下挡。

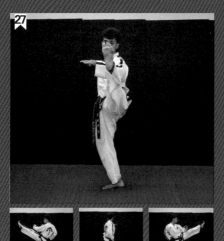

两手不动，向 D 方向做左脚中部前踢破。

左脚落到 D 的同时，右脚立即蹬地移向 C，朝 A 方向取马步站立，向 C 方向做右拳侧中部侧打。

朝 A 方向保持马步站立，双脚滑向 C 方向用左手掌提挡。

朝 A 方向保持马步站立，向 A 方向做右中段冲拳。第 29、30 动作是连续动作。

朝 A 方向保持马步站立，向 D 方向做左手刀低处侧挡。

左脚以快速动作移到右脚，立即向 C 方向做右脚中部侧踢推。

右脚落到 C 的同时，立即用左脚朝 C 方向进行高处反转踢。

左脚落到 C，朝 C 方向取左弓步站立，向 C 方向做左手刀高处侧挡。

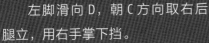

左脚滑向 D，朝 C 方向取右后腿立，用右手掌下挡。

两手不动，向 C 方向做右脚中部前踢破。

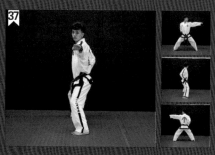

右脚落到 C 的同时，左脚立即蹬地移到 D，朝 A 方向取马步站立，向 D 方向做左拳侧中部侧打。

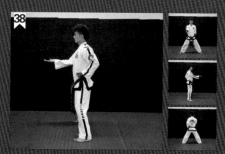

朝 A 方向保持马步站立，双脚滑向 D，用右手掌提挡。

朝 A 方向保持马步站立，向 A 方向做左中段冲拳。第 38、39 动作是连续动作。

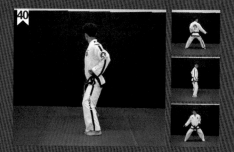

朝 A 方向保持马步站立，向 C 方向做右手刀低处侧挡。

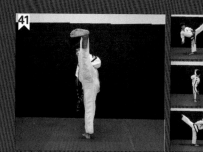

右脚快速移到左脚旁，立即向 D 方向做左脚中部侧踢推。

左脚落到 D 的同时，立即向 D 方向做右脚高处反转踢。

右脚落到 D，朝 D 方向取右弓步站立，向 D 方向做右手刀高处侧挡。

左脚移到 D 的同时，立即向 A 方向做右脚高处扭踢。

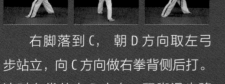

右脚落到 C，朝 D 方向取左弓步站立，向 C 方向做右拳背侧后打。这时左拳伸向 D 方向，双脚滑步移向 C，向 D 方向做右拳背前打。

右脚移到 D 的同时，立即向 BD 方向做左脚高处扭踢。

左脚落到 C，朝 D 方向取右弓步站立，向 C 方向左拳背侧后打，同时双脚滑步移向 C，向 D 方向做左拳背前打。

两手不动，向 D 方向做左脚掌扫踢。

左脚落到 D，朝 D 方向取左 L 步站立，向 D 方向做左外前臂中部戒备挡。

向 D 方向做左脚侧踢停。

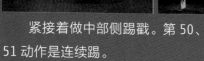

紧接着做中部侧踢戳。第 50、51 动作是连续踢。

左脚落到 D，朝 D 方向取左 L 步站立，用左手刀进行中部向外打。

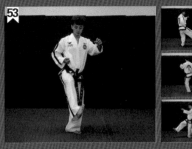

向 D 方向做右脚掌扫踢。

右脚落到 D，朝 D 方向取右 L 步站立，向 D 方向做右外前臂中部戒备挡。

两手不动，向 D 方向做右脚侧踢停。

紧接着做中部侧踢戳。第 55、56 动作是连续踢。

右脚落到 D，朝 D 方向取右 L 步站立，向 D 方向做右手刀中部向外打。

右脚移到 C 的同时，立即以右脚为轴向左转，朝 C 方向取左弓步站立，向 C 方向做右中段冲拳。

跳向 C，朝 AC 取右交叉立，向 C 方向做左拳低处刺，同时把右拳移到左肩。

跳向 D，朝 AD 方向取左交叉立，向 D 方向做右拳低处刺，同时把左拳移到右肩。

向右跳转，向 D 方向做右脚跳转身侧踢。

落到 D，朝 D 方向取右 L 步站立，向 D 方向做右手刀中部戒备挡。

右脚移到左脚侧后的同时，立即把左脚移向 C，朝 D 方向取右弓步站立，用左半月手举挡。

朝 D 方向保持右弓步站立，向 D 方向做右上段冲拳。
（停止）：移动右脚还原成预备姿势。

教练提示：

　　传统跆拳道共有 24 个套路（套路），因篇幅有限，本书只介绍了初学者到黑带四段所需学习的 21 个套路，配合本书赠送的套路演示视频可以更全面系统地学习。